그리운 두 할머니 2

그리운 두 할머니 2

초판 1쇄 발행 2026년 2월 25일

지은이 고영기
펴낸이 장길수
펴낸곳 지식과감성#
출판등록 제2012-000081호

교정 주경민
디자인 김희영
편집 김희영
검수 정은솔, 정윤솔
마케팅 김윤길

주소 서울시 금천구 벚꽃로298 대륭포스트타워6차 1212호
전화 070-4651-3730~4
팩스 070-4325-7006
이메일 ksbookup@naver.com
홈페이지 www.knsbookup.com

ISBN 979-11-392-3079-6(04810)
값 18,000원

그리운 두 할머니 ②

일효(一孝) 고영기 박사

지식과감성#

증조할머니께 바치는 글

이 책은
기억의 가장 깊은 곳에서
조용히 나를 지켜보던
한 분의 삶을 더듬는 기록이다.

증조할머니는
내 기억 속에서 늘 한 발짝 물러나 계셨다.
크게 말씀하지도,
앞에 나서지도 않으셨다.
그러나 그분은 언제나
집의 중심이 아니라 집의 뿌리였다.

새벽마다 가장 먼저 일어나
마당을 쓸고, 불을 지피며,
아무도 보지 않는 자리에서
하루를 시작하시던 분.
그분의 손길은 드러나지 않았지만
그 손길이 닿지 않은 곳은 없었다.

그분의 삶은
그 시대의 여인들이 그러했듯
자기 자신을 위해 쓰이지 않았다.
시대는 가난했고,
삶은 고단했으며,
여인의 몫은 늘 뒤편에 놓여 있었다.
그럼에도 증조할머니는
누군가의 삶이 무너지지 않도록
묵묵히 기둥이 되어 주셨다.

나는 오랫동안
그분을 '기억 속의 배경'으로만 두었다.
그늘처럼 늘 거기 있었기에
빛처럼 소중하다는 것을 알지 못했다.
지금에 와서야 깨닫는다.
증조할머니의 삶은
자신을 남기지 않는 방식으로
후대를 살려낸 삶이었다는 것을.

증조할머니의 손길은
드러나지 않았기에 더 깊었다.
그분의 삶은
이야기가 되지 않았기에
더 많은 이야기를 품고 있었다.
나는 이 수필집을 통해
그 침묵의 시간을
문장으로 불러보고 싶었다.

이 책을 쓰며
나는 '효(孝)'라는 말을 다시 생각하게 되었다.
효는 가까운 데서 시작되지만
시간을 거슬러 올라갈수록
그 깊이는 더 깊어진다.
증조할머니는
나에게 직접 말을 건네지 않으셨지만
그분의 하루하루는
지금의 나를 향한 긴 문장이었다.

이 수필집은
증조할머니 한 분의 이야기이지만,
동시에 이 땅에서
이름 없이 사라져간
수많은 조상들의 삶에 대한 기록이기도 하다.
꿈도, 이름도, 바람도
자신을 위해서는 남기지 못했지만
자식과 손주를 위해
모든 것을 내어주었던 삶.
그들의 희생 위에
우리는 오늘을 살고 있다.

나는 이 책을 통해
늦게나마 그분께 말씀드리고 싶다.
"당신의 삶은 헛되지 않았습니다."
"그 사랑은 지금도 이어지고 있습니다."

이 글을 읽는 독자들이

자신의 가계도 맨 위에
조용히 이름 하나를 떠올릴 수 있다면,
그 이름 없는 희생을
마음속으로 한 번쯤 불러볼 수 있다면,
이 책은 이미
충분히 제 몫을 다한 것이라 믿는다.

효(孝)란
가까운 부모만을 향한 마음이 아니라
시간을 거슬러
삶의 근원을 기억하는 일이라고
나는 믿게 되었다.
이 책이
그 기억을 이어주는
조용한 다리가 되기를 바란다.

차례

제2장

기억의 유산과 세대의 숨결

Ⅰ부 흙과 기억의 노래

Ⅱ부 빛으로 남은 사랑

Ⅲ부 일상에 피는 사랑

Ⅳ부 세대를 잇는 사랑

제3장 세대를 잇는 마음의 등불

제4장 삶의 완성과 전승

Ⅰ부 별빛이 이끈 새로운 탄생

Ⅱ부 밥상에 피어난 사랑

Ⅲ부 사랑은 세대를 이어 흐른다

Ⅳ부 삶을 완성하는 효의 길

부록

제1장

다시 피어나는 마음

I부

말과 마음의 길

1.

혀끝의 후회, 말의 무게

삶의 길을 되돌아보면 수많은 선택과 인연들이 희미한 그림자처럼 겹겹이 펼쳐진다. 그중에서도 유독 마음을 짓누르는 것은 '말'이다.

돌이켜 보면 실행하지 못한 말, 하지 말았어야 할 말, 놓쳐버린 말들이 파노라마처럼 스쳐 지나간다. "말은 한 사람의 입에서 나오지만, 천 명의 귀로 들어간다."라는 독일 베를린 시청 앞 문구가 이제야 가슴 깊이 새겨진다.

내가 그동안 얼마나 많은 말로 사람의 마음을 아프게 했던가. 그중에서도 부모님과 형제들, 그리고 나를 지극히 사랑했던 할머니께 내가 얼마나 따뜻하지 않은 말을 했는지를 생각하면 후회가 목구멍까지 차오른다.

돌아가신 할머니를 떠올릴 때, 그분의 영양결핍도 문제였지만 어쩌면 그보다 더 큰 상처는 내가 무심코 내뱉었던 차가운 말 한마디였을지 모른다. 가시 돋친 말, 상대를 헤아리지 못한 말, 그 말 한마디가 한 사람의 삶을 무너뜨릴 수도 있음을 뒤늦게 알게 되었다.

모로코 속담에서는 "칼에 베인 상처보다, 말에 베인 상처가 더 깊다."라고 한다. 인류 역사에서 칼이나 총보다 혀끝에서 흘러나온 말 때문에 더 많은 이들이 고통을 겪었다는 사실은 오싹할 만큼 진실이다.

하지만 말은 또한 치유의 씨앗이기도 하다. 어려운 이에게 따뜻하게 건네는 말 한마디가 한 사람의 삶을 구원하기도 한다.

"말은 2년이면 배우지만, 제때 말하는 법은 평생이 걸린다."

이 말이 이제야 절절하게 다가온다. 왜 사람에게는 입 하나에 귀 둘이 있는지를 다시금 떠올린다.

돌이켜 보면 나는 할머니와 증조할머니께 충분한 존경과 사랑을 표현하지 못했다. 그 숭고한 헌신 위에 내가 자랐음에도 때론 날카로운 말로 그 귀한 분들을 아프게 했다.

그 회한을 떠올리며 남은 생애는 말을 다스리는 사람이 되기를 다짐한다.

고운 말,

부드러운 말,

따뜻한 말,

사랑을 품은 말을 익히고 훈련해야겠다.

지금 이 글을 쓰며 나는 다시 할머니를 떠올린다.

이 글은 내 인생의 회한이자 다시는 같은 후회를 남기지 않기 위한 마음의 제단이다.

이 글이 독자들의 마음에도 조용히 스며들기를 바란다. 말의 무게를 되새기며, 사랑하는 사람에게 오늘 단 한마디라도 따뜻한 말을 건네는 작은 용기를 내시길 바란다.

늦었지만, 이제야 말의 소중함을 깨닫고 실천하는 일이야말로 진정한 효의 시작임을 믿는다.

2.

신의(信義)의 길, 마음의 약속으로

인생은 결코 혼자 걷는 길이 아니다. 수많은 인연의 실이 얽히고설켜 우리는 관계라는 길 위에 서 있다. 그 관계의 뿌리가 되는 가장 귀한 덕목이 있다면, 나는 주저 없이 '신의(信義)'라고 말하고 싶다.

삼강오륜, 화랑오계에서 일관되게 강조된 '교이신(交以信)', '붕우유신(朋友有信)'이라는 말처럼 사람 사이에 믿음이 없으면 모든 것은 흔들리고 무너진다.

'신(信)'이라는 한자를 풀어보면 '사람(人)'과 '말(言)'이 함께 있다. 사람이란 자신이 한 말을 지키는 존재라는 뜻이다. 말을 지키지 못하고 약속을 저버리는 순간, 그 사람됨도 무너지는 것이다.

겉으로는 번듯한 말을 하지만 속은 검은 사람과 깊은 관계를 맺지 말라는 말이 이제야 가슴에 와닿는다. 그런 사람을 분별하기 위해서는 끊임없이 배우고 삶 속에서 지혜를 길러야 한다. 때론 그 과정에서 쓴 경험을 통해 비로소 큰 깨달음을 얻기도 한다.

내 지난 삶을 돌아보면 이 신의의 중요성을 깨닫지 못해 후회했던 순간들이 참 많았다. 그중에서도 가장 가까이 있었던 증조할머니와 할머니, 나의 뿌리이자 존재의 근원이었던 그분들에게 말로, 행동으로 충분한 믿음을 드리지 못한 날들이 가슴 깊은 회한으로 남아 있다.

그분들의 침묵 속 사랑과 희생을 너무도 당연하게 여겼고, 무심한 말과 행동으로 상처를 남기기도 했다.

모로코 속담처럼 "칼에 베인 상처보다, 말에 베인 상처가 더 깊다."라는 진실이 내 삶 속에서 현실이었다. 이제야 그 말 한마디의 무게를 깨닫고 그 그리움 속에서 깊은 감사로 고개를 숙인다.

다산(茶山) 정약용(丁若鏞) 선생이 자식에게 남긴 가르침 가운데 '효제(孝悌)'와 '독서(讀書)'는 지금의 나에게도 깊은 울림으로 다가온다. '효제'는 가장 가까운 관계 속에서 믿음과 사랑을 실천하라는 가르침이며, '독서'는 책이 멀어진 시대일수록 지혜를 기르고 사람을 보는 눈을 넓히라는 뜻이다.

사람을 귀히 여기는 사람은 그 어떤 상황에서도 사람을 수단으로 삼지 않는다. 그 자세가 바로 '신의'의 시작이다.

차가운 말 한마디가 사람의 생을 무너뜨릴 수 있다면, 따뜻한 말 한마디는 사람의 삶을 아름답고 복된 길로 이끌 수 있다. 그 모든 말과 행동이 결국은 '신의'의 또 다른 이름임을 이제야 깨닫는다.

이제 남은 생은 이 신의의 길 위를 조용히 걸어가는 여정이 될 것이다. 말과 행동이 일치되는 사람, 믿음을 나누는 사람이 되기를 다짐한다.

내 가정과, 내가 속한 사회가 진정한 화해와 평화를 이루기 위해 이 늦은 깨달음이 작은 불씨가 되어 누군가의 마음에 스며들기를 바란다.

사랑하는 이들에게 따뜻한 말을 건네는 용기, 신의를 지키는 실천이 우리 모두를 서로의 등불로 만들 것이다. 그 길 위에서 우리는 더 나은 세상을 함께 만들어갈 수 있을 것이다.

3.

삶의 뿌리를 찾아서

삶의 길을 걸으며 빛과 지혜를 품은 말씀을 많이 만났지만, 그중에서도 나의 마음에 깊이 뿌리내린 말씀이 있다. 그 말씀은 중국 전국시대 위(魏)나라 군주인 양혜왕(梁惠王)에게 맹자(孟子)가 인(仁)과 의(義)를 바탕으로 한 왕도정치(王道政治)의 중요성을 설파한 데서 찾을 수 있다.

"항산(恒産)이 없으면, 항심(恒心)도 없다."

즉 '의식주가 안정되지 않으면, 마음을 바로 세우기도 어렵다'는, 이 간결한 진리는 오랜 세월이 흐른 지금까지도 내 삶을 꿰뚫는 칼날 같은 문장이다.

그 말씀이 내 인생 속에 깊이 새겨진 건 할머니의 마지막 장면을 목격하고 나서였다. 남의 집 작은 셋방에서 마지막 숨을 고르시며 할머니는 조용히 이렇게 말씀하셨다.

“사는 게 지옥 같구나…….”

그 한마디는 단순한 푸념이 아니었다.

인간으로서 누려야 할 기본적인 권리조차 누리지 못한 채 살아오신 세월. 그 세월은 감옥이었고, 탈출조차 허락되지 않은 긴 고통이었다.

결국 할머니는 그 지옥을 벗어나지 못한 채 남의 집 좁은 방 안에서 눈을 감으셨다. 그 기억은, 내 가슴에 지워지지 않는 회한과 그리움으로 남았다.

돌이켜 보면 나 또한 오랫동안 ‘항산(恒産) 없는 삶’의 그림자에서 벗어나지 못했다. 불안정한 수입, 남들이 좋다 하는 학교에 들어가기 위해 가진 것을 다 쏟아부었던 시간들. 그 안에서 나는 삶의 안정은커녕 가장 소중한 사람들에게 제대로 된 ‘효’ 한번 하지 못한 채 헛된 환상만 좇았다.

너무 늦게야 나는 그것이 얼마나 어리석은 일이었는지를 깨달았다. 그리고 생각했다.

'남은 인생을 어떻게 살아야 할 것인가?'

만약 삶의 길을 다시 걸을 수 있다면, 나는 나에게 맞는 일을 찾아 꾸준히 일하고, 밤에는 나를 성장시키는 공부를 하며 작게나마 삶을 단단히 다지고 싶다. 돈만 좇는 삶이 아니라 삶의 뿌리 위에 나를 세우는 삶을 이제야 꿈꿔본다.

지금 나는 후대들에게 조심스럽게 조언한다. 자신의 '의식주(衣食住)'를 스스로 해결할 수 있는 일을 찾고, 그 위에 공부를 얹어 자기다운 길을 가라고. 내 지난 삶의 후회와 깨달음이 그들의 시행착오를 조금이라도 줄이는 작은 지혜가 되기를 바란다.

나는 지금 일흔이 훨씬 넘었지만, 아직 멈추지 않았다.

죽는 날까지 조용히, 꾸준히 효의 길을 걸어갈 것이다.

그리고 이제라도 '늦었다'고 말하지 않겠다. 삶의 진정한 의미를 찾아 의미 있고 가치 있는 여생을 살아내고 싶다.

이 작은 깨달음이 이 글을 읽는 분들의 마음에도 조용히 스며들어, 각자의 삶에서 참된 '마음'을 찾아가는 온기가 되기를 간절히 바란다.

II부

웃음과 감사의 온기

4.

웃음으로 걷는 감사의 길

인생을 돌아보면, 누구에게나 빛나는 날보다 흐린 날이 많다. 나 역시 예외가 아니었다. 앞만 보고 달리던 젊은 날, 세상이 정해준 성공의 잣대에 나를 맞추느라 길가의 들꽃도, 곁의 사람도 제대로 보지 못했다. 그러나 세월이 흘러 다시 지나온 길을 바라보니, 후회로만 보였던 발자국들이 감사의 흔적으로 변해 있음을 느낀다.

그때는 몰랐다.

밥 한 그릇 앞에 앉아 주던 따뜻한 눈길이 얼마나 귀한 것인지, 등 뒤에서 건네던 짧은 말 한마디가 얼마나 큰 힘이었는지. 증조할머니의 굽은 손과 할머니의 마른 손바닥이 내 삶의 뿌리였음을 나는 너무 늦게 깨달았다. 빈자리를 채우는 건 끝없는 그리움이었고, 그리움 속에서 피어난 건 결국 감사였다.

삶의 길 위에서 가장 가까운 사랑은 언제나 곁에 있었다. 멀리 있는 이상이 아니라, 늘 내 곁을 지켜주던 가족이었다. 증조할머니의 낮은 목소리, 마당 끝에서 불러주시던 "강아지야, 밥 먹자." 그 평범한 부름 속에 인생의 모든 사랑이 숨어 있었다. 할머니가 새벽마다 내 이불을 덮어주시고, 밥상을 차려주시던 그 손길은 그저 일상이 아니라 삶을 지탱하는 힘이었다.

그러나 나는 그때 그것을 알지 못했다. 가까운 사랑일수록 당연하게 여기고, 그 소중함을 깨닫기까지 너무 오랜 시간이 걸렸다.

세월이 내게 가르쳐 주었다.

사람을 살리는 것은 거창한 말이나 큰 선물이 아니다.

함께 밥을 나누며 건네는 미소, 아침 햇살에 스며든 인사, 눈빛으로 전해지는 온기. 그 모든 것이 가장 가까운 사랑이었다.

나는 또한 깨달았다.

효란 무엇인가. 효는 멀리 있지 않았다.

증조할머님을 기쁘게 해드리는 일, 할머니의 얼굴에 잔잔한 웃음을 피게 해 드리는 일이 곧 효였다.

어릴 적, 내가 장난을 치면 할머니는 주름 깊은 얼굴로 환히 웃으셨다. 그 웃음은 나를 살리고, 또 나를 사람답게 만들었다. 이제는 내가 웃어야 한다. 내 웃음이 부모님의, 자식들의, 손주의 마음을 환히 밝히는 불씨가 되어야 한다.

나는 다짐한다.
오늘 하루, 감사의 길 위를 걷겠다고.
작은 것에도 감사하고, 가까운 사랑을 잊지 않고, 내 웃음으로 누군가의 하루를 덮어 주겠다고.

조상들이 그러했듯, 나도 후대에게 따뜻한 미소와 사랑을 남기고 싶다. 웃음은 단순한 표정이 아니라, 감사와 효가 스며든 삶의 빛이다.

세월이 흘러 언젠가 내 삶이 끝날 때, 나는 이렇게 기억되기를 바란다.

"그는 늘 웃으며 살아갔다.
그 웃음 속에 조상의 사랑이 있었고,
그 웃음으로 많은 이들이 위로받았다."

감사의 길 끝에서 나는 다시 다짐한다.

내가 웃는 얼굴로 살아가는 한, 증조할머니와 할머니의 희생은 헛되지 않을 것이다.

그 웃음은 또 다른 세대의 삶을 밝혀줄 것이다.

5.

마당 끝에서 끓던 사랑

마당 끝에는 닭장이 있었다. 닭들이 새벽을 깨우던 소리가 아침의 알람처럼 들리던 시절, 그 닭장은 어린 나에게 세상에서 가장 신기한 공간이었다. 철망 사이로 달걀을 찾으면, 할머니는 그것을 손바닥에 올려 빛에 비추셨다.

“오늘은 두 알이구나. 하나는 영기 거다.”

그 말 한마디면 하루가 환해졌다.

할머니의 손은 닭보다 먼저 움직였다. 그 손끝에서는 언제나 따뜻한 냄새가 났다. 노른자 하나를 밥 위에 얹어 “고소하지?” 하며 웃으실 때, 나는 사랑이란 말보다 더 큰 행복을 맛보았다. 그때는 몰랐다. 그 한 알에 새벽의 발자국과 기도의 숨결이 스며 있었다는 것을.

봄기운이 돌던 어느 날, 내가 감기로 며칠을 앓자 할머니는 산에서 도라지를 캐오시고, 황기는 장에서 구해 오셨다. 집에 남겨둔 마늘과 말린 대추, 귀한 인삼 한 조각까지 보태시더니 닭장 속 가장 실한 암탉을 잡아 삼계탕을 끓이셨다. 그 닭은 장에 팔면 돈이 될 귀한 닭이었지만, 당신은 망설이지 않았다.

부엌에선 하루 종일 삼계탕 끓는 소리가 이어졌다.

저녁이 되자 삼계탕이 완성되었다. 솥뚜껑을 여는 순간, 하얀 김이 피어올랐고, 그 김 사이로 할머니의 얼굴이 아른거렸다. 피곤한 기색이 역력했지만, 그 눈빛에는 안도와 사랑이 섞여 있었다.

나는 아무 말 없이 국물 한 숟갈을 떠먹었다. 그 뜨거운 한 모금이 목을 타고 내려갈 때, 이상하게 눈물이 났다. 그건 닭의 맛이 아니라, 누군가의 생이 내 안으로 스며드는 맛이었다.

할머니는 귀한 손님이 와도 닭장 속 닭들은 잡지 않으셨다.

"이것들은 우리 손주 먹일 닭들이라 돈으로도 못 바꾸지."

그 말은 그저 일상의 한마디 같았지만, 지금 돌이켜 보면 세상에서 가장 순수한 선언이었다. 당신의 삶은 계산이 아닌 헌신이었고, 그 헌신은 말보다 음식으로 드러났다.

노른자 하나, 뜨끈한 국물 한 숟갈, 부드러운 달걀찜 한 그릇. 그 작은 정성들이 곧 할머니의 사랑이었고, 그 사랑은 지금도 내 마음속에 조용한 기도로 남아 있다.

시간이 흘러 나는 어른이 되었다.

도시의 불빛 속에서 살아가며 영양제와 건강식품이 넘쳐 나는 시대를 살지만, 아무리 비싼 보약도 그때의 삼계탕 국물과는 비교되지 않는다. 그 국물에는 약초보다 강한 힘, 사랑이라는 보약이 들어 있었다.

가끔 식탁 위에 삼계탕이 오르면 나는 숟가락을 들기 전 잠시 눈을 감는다. 부엌 가득 퍼지던 닭 삶는 냄새, 솥뚜껑 위로 피어오르던 하얀 김, 그리고 "따뜻할 때 먹어야지." 하시던 그 목소리. 그 장면이 내 마음의 스크린에 다시 떠오른다.

이제 나는 그 사랑을 이어가고 싶다. 누군가의 식탁에 따뜻한 국물 한 그릇을 올려주며, 그 안에 내 시간을 녹여내고 싶다.

사랑은 대단한 일이 아니다. 그저 하루의 일부를 내어주는 일, 닭 한 마리를 잡아 정성껏 끓이던 그 마음처럼.

할머니가 내게 남기신 것은 닭장도 솥단지도 아니었다. '정성'이라는 눈에 보이지 않는 유산이었다. 그 유산 덕분에 나는 오늘도 가족의 밥상을 차리며, 당신의 손끝을 마음으로 되살린다.

저녁이 내리고, 마당의 그림자가 길어진다. 닭장 자리는 잡초로 덮였지만, 그 자리에 당신의 발자국이 남아 있다. 삶이 힘들 때마다 나는 그 마당 끝을 떠올린다. 그곳엔 말이 없고, 오직 사랑의 냄새만 남아 있다.

나는 조용히 중얼거린다.

"할머니, 그 국물의 따뜻함이 아직도 제 마음에 끓고 있습니다. 당신의 사랑이 제 삶의 마당 끝에서 지금도 김처럼 피어오릅니다."

Ⅲ부

흔들림 너머의 효

6.

바다를 건너 핀 꽃

흔들리지 않고 피는 꽃이 어디 있으랴
이 세상 그 어떤 아름다운 꽃들도
다 흔들리면서 피었나니

도종환 시인의 「흔들리며 피는 꽃」처럼, 나의 인생 또한 바람에 흔들리고, 눈물에 젖으며 비로소 피어난 한 송이 꽃이었다.

* * *

돌아보면 내 삶은 늘 누군가의 사랑 안에서 피어나고 있었다. 그 중심에는 언제나 할머니가 계셨다.

어린 시절의 나는 아무 걱정도 몰랐다.
늘 같은 자리에서 나를 맞아 주시던 할머니의 미소, 밥상 위의 된장국, 내 그릇에 반찬을 덜어주시던 그 손길.

그 모든 것이 내 평온의 뿌리였다.

할머니는 자신의 허기를 감추며 늘 나의 배를 먼저 채워 주셨다. 그 침묵의 희생이 내가 자라날 수 있었던 가장 큰 사랑이었다.

그러나 세월이 흐르며 나는 그 사랑을 잊고 세상의 기준을 좇았다. 더 높이, 더 빨리 오르려는 욕심이 내 마음의 평온을 갉아먹었다. 남보다 늦을까 불안했고, 더 가지지 못하면 초라해질 것만 같았다.

그 길 위에서 나는 자주 넘어졌다. 뜻하지 않은 고난, 의도치 않은 방향으로 떠밀리는 삶의 파도. 그 속에서 나는 점점 할머니의 사랑과 내면의 가치를 잃어갔다.

하지만 세월은 나를 부드럽게 가르쳤다. 아픈 경험이 스승이 되었고, 그 상처 속에서 나는 비로소 단단해졌다. 꽃잎은 바람을 견디며 핀다는 그 단순한 이치를 이제는 안다.

방광암 수술을 겪으며 죽음의 문턱을 넘나들면서, 나는 삶의 언덕을 처음으로 마주했다. 그리고 그때 깨달았다.

할머니의 사랑이 내 안에서 조용히 나를 살리고 있었음을.
그분의 침묵, 그분의 헌신이 내 생명의 뿌리였음을.

병실의 하얀 벽을 바라보던 그날, 나는 속으로 중얼거렸다.

'할머니, 당신의 사랑이 제게 생명을 주셨습니다.'

* * *

이제 나는 흔들림의 끝에서 다시 한번 피어나고자 한다.
누군가의 아픔에 귀 기울이고, 지나온 세월의 교훈을 삶으로 전하고 싶다.

시련은 실패가 아니었다. 그건 더 깊은 사랑으로 향하기 위한 과정이었다. 비바람 속에서도 꺾이지 않은 마음, 그것이 나를 여기까지 데려왔다.

세상의 바다를 건너며 수없이 흔들리고 젖었지만,
나는 여전히 피어난다.

내가 피운 이 삶의 꽃이

누군가에게 작은 위로가 되고,
누군가의 마음에 희망이 되기를.

흔들리며 피어난 꽃이기에,
그 향기는 더 깊고 오래 남을 것이다.

7.

사랑은 지금이다

손자가 어느 날 물었다.

“할아버지, ‘효’가 뭐예요?”

순간, 오래된 사진 한 장이 떠올랐다. 어린 내가 할머니 품에 안겨 있던 그 사진. 그 사진 속 아이와 똑같은 눈으로 손자가 나를 바라보고 있었다.

나는 펜을 내려놓고 손자의 손을 잡았다.

“효란, 네 마음의 따뜻함이 나에게 전해지고, 그 온기가 다시 다른 이에게 이어지는 거란다.”

손자가 고개를 끄덕였다.

"그럼 사랑하고 효도하는 건 같은 거예요?"

"그래, 사랑이 없으면 효도도 없는 거란다. 사랑이 있는 사람만이 누군가의 마음을 따뜻하게 해줄 수 있지."

그 순간, 할머니의 목소리가 문득 마음속에서 울렸다.

"꽃도 숨을 쉬니 밟지 마라."

비 오는 날 마당의 민들레를 밟을 때마다 듣던 말이었다. 그땐 몰랐다. 그 말이 단지 꽃을 아끼라는 뜻이 아니라, 사람의 삶을 귀히 여기라는 가르침이었다는 걸.

할머니는 늘 말보다 행동으로 가르치셨다. 비 오는 날 젖은 신발을 벗겨 주시던 손, 밤늦게 공부하다 잠든 나를 덮어주시던 낡은 이불, 그 모든 것이 사랑의 언어였다.

그러나 나는 그때를 너무 빨리 지나쳤다. 세상을 배우느라, 성공을 좇느라, 그 손길의 의미를 몰랐다.

"할머니, 나중에 꼭 효도할게요."

그때의 약속은 진심이었지만, 그 '나중에'가 결코 오지 않을 줄은 몰랐다.

어느 봄날, 할머니는 병원 침대 위에서 조용히 나를 바라보셨다. 나는 그 시선을 견디지 못해 고개를 숙였다. 그때 할머니가 내 손을 잡으며 말씀하셨다.

"기다리지 말고, 지금 웃어라. 사람의 마음은 지금 아니면 닿지 않는다."

그 말이 마지막이었다.

그 후로 나는 오랫동안 웃지 못했다. 미소 한번 지어드리지 못한 얼굴이 내 평생의 회한으로 남았다.

* * *

세월이 흘러, 이제 나도 할아버지가 되었다.

어느 날, 손자 덕훈이와 공원을 걷다 작은 들꽃 하나를 보았다. 바람에 흔들리는 그 꽃 앞에서 나는 오래전의 할머니를 떠올렸다.

“덕훈아, 밥은 먹었니?”
“응, 먹었어요. 근데 할아버진요?”
“나도 이제 먹으러 가야지.”

그 짧은 대답 속에서 나는 묘한 따뜻함을 느꼈다.
그 말이 할머니의 “밥 먹자.”와 겹쳐 들렸기 때문이다.

사랑은 그렇게 말의 모양을 바꾸며 세대를 흐른다. 된장국 한 그릇, 이름 한 번 부르는 일, 짧은 안부의 말 한마디 속에 사람의 온기가 담겨 있다.

* * *

어느 날, 손자가 학교 숙제를 하며 물었다.

“할아버지, 사랑은 뭐예요?”

나는 잠시 망설였다.
젊을 땐 사랑이 열정이라 믿었지만, 지금은 다르게 느낀다.

"사랑은… 지금이다."

"지금이요?"

"그래. 사랑은 나중이 아니라 지금 해야 한단다. 지금 건네는 손길, 지금의 눈빛, 그게 사랑이야. 내일은 너무 늦을 수도 있거든."

손자는 그 말을 조용히 노트에 적으며 미소 지었다.

"그럼 저도 지금 사랑할래요."

그 말에 나는 할머니를 떠올렸다.

그분이 살아 계셨다면, 지금 이 순간 그 미소는 이미 여기 와 있었을 것이다.

저녁이 되어 창가에 앉았다.

노을이 번지는 하늘을 바라보며 나는 속으로 말했다.

'할머니, 이제 알겠어요.

사랑은 기다리는 게 아니라, 지금 해야 하는 거였네요.'

그 말이 바람을 타고 흘러갔다.

들꽃 향기가 스며들었다.
그 향기 속에서 할머니의 음성이 들려오는 듯했다.

"그래, 이제 웃는구나. 그게 효다."

나는 눈을 감았다. 바람이 볼을 스쳤다. 그 바람이 꼭 손길 같았다. 할머니가 늘 하시던 대로 아무 말 없이 내 어깨를 토닥이고 있었다.

이제 나는 누군가의 할아버지로 산다. 손자에게 사랑을 가르치기보다 그저 함께 웃고, 함께 밥을 먹는다. 그 시간 자체가 효이고, 사랑이다.

사랑은 먼 데 있지 않다.
지금 이 자리, 함께 있는 이 순간에 있다.
내일이 되면 이미 늦을지도 모른다.

그래서 나는 오늘도 다짐한다.

"사랑은 지금이다."

그 말속에는 할머니의 눈빛과 내 후회의 시간, 그리고 손자의 미소가 함께 담겨 있다.

사랑은 흐르고, 효는 이어진다.
그렇게 우리는 서로를 품으며 산다.

8.

괜찮다, 아무 염려 마라

일곱 살 무렵, 나는 점심상을 들고 방으로 들어가다 그릇을 깨뜨렸다. '쨍그랑' 소리와 함께 된장국이 바닥으로 흘렀고, 사기 조각이 사방으로 튀었다. 무릎에 피가 맺혔지만, 그보다 더 아팠던 것은 '이제 혼나겠구나' 하는 두려움이었다. 나는 주저앉아 울음을 터뜨렸다.

그때 들려온 목소리는 예상과 달랐다.

"괜찮다. 아무 염려 마라."

달려온 할머니는 호통 대신 품을 내어주셨다. 피 흐르는 무릎을 닦아주시고, 떨리는 어깨를 감싸주셨다. 깨진 그릇은 한쪽으로 치워졌다. 그릇보다 내가 먼저였고, 국물보다 내 마음이 더 중요했다.

그날의 그 말 한마디는 어린 나의 존재를 다시 세워주었다. 나는 실수가 아니라 '사람'으로 받아들여졌다. 작은 사고였지만, 그 안에 담긴 사랑은 내 삶 전체를 붙잡는 힘이 되었다.

* * *

세월이 흘러 청년이 되었을 때, 나는 또다시 바닥에 주저앉았다. 입시는 줄줄이 실패했고, 첫 직장은 계약이 끝났으며, 사랑마저 떠나갔다. 아무도 나를 필요로 하지 않는다고 믿었다. 스스로도 나 자신을 용납할 수 없었다. 방 안은 늘 어두웠고, 하루하루는 살아 있는 듯 살아 있지 않았다.

그러던 어느 날, 오래된 사진첩 속 할머니의 모습이 눈에 들어왔다. 그 순간, 마음속에서 오래전 말씀이 되살아났다.

"괜찮다, 걱정 말아라. 다 잘될 거다."

그 말은 시간과 공간을 건너 내 안에서 다시 울렸다. 무너진 건 계획일 뿐, 나는 여전히 살아 있다는 사실을 일깨워주었다. 그 말 덕분에 나는 다시 펜을 잡았고, 다시 발걸음을 떼었다. 인생의 가장 깊은 바닥에서 나를 일으킨 것은 성공도, 위로금도 아닌, 단 한마디 말이었다.

* * *

이제는 내가 그 말을 꺼낼 차례다. 손자가 물이 든 유리컵을 그만 바닥에 떨어뜨린 날, 놀란 얼굴로 울음을 터뜨리던 아이를 나는 꼭 안아주었다.

"괜찮다, 아무 염려 마라."

그 순간, 내 입에서 나온 말은 내 어린 시절을 지켜준 바로 그 문장이었다. 할머니에게서 받은 사랑의 언어가 세대를 건너 다시 이어진 것이다. 손자는 눈물을 멈추고 나를 바라보았다. 그 눈빛 속에 안도와 신뢰가 번지는 것을 나는 분명히 보았다.

나는 깨달았다. 사랑이란 많은 말이 아니라, 가장 절실한 순간에 꺼낼 수 있는 단 한마디라는 것을.

"괜찮다, 아무 염려 마라."

그 말은 내게 주어진 가장 큰 유산이다. 실수를 감싸주고, 상처보다 마음을 먼저 본 시선, 그리고 존재 자체를 인정해 주는 힘. 나는 그 말을 이어 주어야 한다. 내 아들에게, 내 손자에게, 그리고 언젠가 또 다른 누군가에게.

세상은 점점 빠르게 흘러가고, 실수 하나에도 쉽게 낙인이 찍히는 시대지만, 나는 믿는다. 누군가의 귀에 이 말이 스며든다면, 그 사람은 다시 일어설 수 있다고.

오늘도 나는 속으로 되뇐다.

"괜찮다, 아무 염려 마라."

이 말은 이제 더 이상 할머니의 말씀만이 아니다. 나의 말이고, 나의 손자가 이어갈 말이며, 세대를 건너 전해질 사랑의 언어다.

그리고 나는 안다. 누군가를 살리는 말은 멀리 있지 않다는 것을. 그건 바로 지금, 가장 가까운 사람의 마음을 품어주는 한마디다.

9.

무엇이 구원인가

인생의 바다는 언제나 깊고, 그 끝은 보이지 않는다.

우리는 저마다의 구원을 찾아 그 바다를 항해한다.

어떤 이는 교회로 향하고, 어떤 이는 성당이나 절, 혹은 교당의 문을 두드린다. 기도하고, 절하고, 참회하며, 신에게 손을 내민다.

사람들은 묻는다.

"어떻게 하면 구원받을 수 있을까?"

어떤 이는 고행을 택하고, 어떤 이는 명상 속에서 자신을 들여다본다. 또 누군가는 경전 속에서 답을 찾으려 애쓴다. 그 길 위에서 수많은 사람들이 무릎을 꿇고, 눈을 감고, 두 손을 모은다.

그러나 나는 자문한다.

과연 그 모든 수고와 고행이 진정한 구원을 가져다주는가. 신을 향한 길은, 혹시 너무 멀리 돌아가고 있는 건 아닐까.

빅토르 위고는 말했다.

"우주를 한 사람으로 축소시키고, 그 사람을 신으로 확대시키는 것이 바로 사랑이다."

이 말은 내 마음에 오랫동안 남았다.

구원은 결코 멀리 있지 않다. 거창한 의식이나 고행의 길 끝에도 있지 않다. 사랑이 곧 구원이며, 그 사랑은 언제나 내 곁에서부터 시작된다.

톨스토이는 이렇게 말했다.

"가장 중요한 시간은 지금이고, 가장 필요한 사람은 지금 내가 만나고 있는 사람이며, 가장 중요한 일은 지금 내 옆의 사람에게 선을 행하는 것이다."

이 얼마나 단순한 진리인가.

그러나 인간은 그 단순함을 잊고 살아간다. 멀리 있는 천국을 그리며, 가까이 있는 사람의 손을 놓아버린다. 결국 신을 찾는다 말하면서, 정작 내 곁의 사람을 잃어버린다.

어느 날 밤, 암 수술 후 병실 창문 너머로 별이 반짝였다.
나는 아픈 몸으로 그 빛을 바라보다가, 문득 속삭임을 들었다.

"살아라."

그 목소리는 분명, 오래전 세상을 떠난 할머니의 음성이었다. 그 한마디가 내게는 기도였고, 구원이었으며, 다시 삶으로 돌아오라는 부름이었다.

돌아보면, 할머니는 내게 어떤 종교보다 더 깊은 가르침을 주신 분이었다. 그분은 성경 대신 된장국 냄새로, 불경 대신 손의 온기로 나를 가르치셨다. 말로 설교하지 않고, 삶으로 기도하셨다. 그 손길 하나하나가 내게는 구원이었고, 그 미소 하나가 내 삶의 기둥이었다.

나는 이제야 안다. 내가 찾던 신은 하늘에 있지 않았음을. 그분은 언제나 내 곁에서 나를 살리고 계셨다.

삶의 끝에서 나는 하나의 소망을 품는다.

“할머니, 나의 은인이시여. 나를 지금까지 살게 해준 분이시여. 내 마지막 몇 시간만이라도 다시 만나 웃으며 이야기를 나누게 해주소서.”

이 기도는 단순한 그리움이 아니다. 그건 나를 존재하게 만든 근원을 향한 감사의 외침이며, 내가 찾아 헤매던 구원의 빛을 향한 간절한 갈망이다.

나는 이제야 깨닫는다. 구원이란 멀리 있는 신을 찾는 일이 아니라, 가장 가까운 사람에게 잘하는 일이라는 것을. 나에게 가장 가까운 사람이 바로 나의 신이고, 그 사람에게 선을 행하는 것이 곧 신에게 예배드리는 일이다.

가까운 사람에게 잘하는 것, 그것이 효이고, 사랑이며, 구원이다. 누군가는 평생을 돌고 돌아 삶의 마지막 순간에야 이 진리를 깨닫는다.

나는 그 길을 조금이라도 앞당기고 싶다.

그래서 오늘, 내 곁의 사람에게 미소 짓는다. 고맙다고 말하고, 따뜻한 밥을 함께 먹는다. 그 일상의 사소한 행위들이 결국 나를 구원하고, 세상을 구원한다.

구원은 기적이 아니다. 그건 사랑이 깃든 일상이다. 사람의 손을 잡아주고, 가까운 이를 이해하려 애쓰는 마음, 그곳에 신이 있다.

할머니가 내게 물려주신 사랑은 종교를 초월한 구원이었고, 그분의 삶은 하나의 경전이었다.

오늘 나는 그 경전의 한 구절을 마음에 새긴다.

"사랑이 있는 곳에 신이 있다."

그리고 조용히 속삭인다.

"가까운 사람에게 잘하라. 그것이 곧 구원의 길이다."

Ⅳ부
비움의 울림

10.

빈 종의 울림

나는 오래전부터 이런 생각을 했다.

"속이 가득 찬 종보다 속이 빈 종이 울리는 이유는 무엇일까?"

그 단순한 물음이 내 인생의 오랜 화두였다.

종은 속이 비어 있어야 울린다. 가득 찬 종은 소리를 내지 못한다. 마음도 마찬가지다. 무언가를 채우려 애쓸수록, 그 속의 소리는 점점 멀어진다.

젊은 날의 나는 욕심으로 가득했다. 더 많이 배우고, 더 많이 얻고, 더 많이 인정받으려 했다. 사랑조차도 채움의 한 방식이었다. 그러나 그 시절의 나는 소리를 잃은 종처럼, 울림 없는 사람이었다.

* * *

며칠 전, 오랜 지인이 세상을 떠났다는 소식을 들었다. 그는 남들 눈엔 평범한 사람이었다. 화려한 이력도, 크게 가진 것도, 명예도 없었다. 그러나 그의 이름을 떠올릴 때마다 내 마음 한 구석에서 잔잔한 종소리가 울렸다.

'딸랑—'

슬프면서도 따뜻한 그 울림은 오래도록 내 귀에 남았다.

그의 장례식장에서 나는 그의 말을 떠올렸다.

"인생이란… 먼 길 가는 중, 한 사람이라도 따뜻하게 해주면 그걸로 된 거지."

그 말이 공기처럼 방 안을 감싸고, 내 마음속 깊은 곳에서 다시 종소리가 퍼져 나갔다.

그는 세상에 아무것도 남기지 않고 떠난 듯 보였지만, 사람들의 마음속엔 그의 울림이 남아 있었다. 그의 빈손이 오히려 내 마음을 채웠다.

그제야 나는 깨달았다.

내가 평생토록 찾아 헤매던 삶의 답이 '비움'과 '나눔' 속에 있었다는 것을.

집으로 돌아오는 길, 하늘은 유난히 맑았다. 바람이 내 귓가를 스치며 '살랑' 하고 흔들렸다. 그 순간, 오래전 할머니의 목소리가 들려왔다.

"속이 꽉 찬 사람은 바람이 못 지나간다."

그땐 몰랐지만, 지금은 안다.

가득 채운 마음에는 사랑이 머물 자리가 없다.

할머니는 넉넉하지 않은 살림에도 평생을 베풀며 사셨다. 마을 사람들이 어려울 때마다 된장 한 덩이, 쌀 한 되를 나누어 주셨다.

"할머니, 이러다 남는 게 없잖아요."

내 말에 할머니는 웃으며 대답하셨다.

"그래야 마음의 종이 울리지. 가득 찬 마음은 울지 못한단다. 비워야 울릴 수 있어."

그 미소가 지금도 내 마음속에 남아 있다. 할머니의 삶이야말로 '비움의 울림'을 보여준 가장 고운 예였다.

지인이 떠난 자리 위로 할머니의 기억이 겹쳐졌다. 두 사람은 이미 세상에 없지만, 그들이 남긴 울림만은 지금도 내 안에서 숨 쉬고 있다. 그들의 삶은 가난했지만, 그 빈자리는 결코 허전하지 않았다. 그 속에는 사랑의 메아리가 있었다.

그날 밤, 나는 작은 종 하나를 꺼내 책상 위에 올려두었다. 둥근 청동빛 종 표면에는 가느다란 금이 가 있었지만, 여전히 단단해 보였다. 나는 손끝으로 조심스레 종을 두드렸다.

'딸랑—'

맑은 소리가 방 안을 가득 채우며 천천히 멀어졌다. 그 소리가 사라질 때마다, 내 마음속 어둠도 조금씩 걷혀 갔다.

* * *

살다 보면 우리는 늘 무언가를 채우려 한다. 지식, 돈, 사람, 명예, 사랑……. 그러나 정작 중요한 건 비워야 들린다는 사실이다. 마음이 비워져야 누군가의 고통이 들리고, 누군가의 사랑이 들어온다.

내가 사랑했던 사람들도 결국 그 비움 속에서 나를 가르쳤다. 할머니의 된장국 냄새, 지인의 미소, 그 모두가 '채우지 말고 나누라'는 삶의 목소리였다.

나는 오늘도 조금 더 비워보려 한다. 나의 욕심을, 나의 두려움을, 그리고 스스로를 옭아매던 완벽함의 집착을.

비움은 도망이 아니라 용기다. 텅 빈다는 건 버림이 아니라, 새로운 울림을 맞이할 준비다.

그렇게 비워진 마음에 누군가의 슬픔이 스며들고, 그 슬픔이 사랑으로 변해 다시 다른 이의 마음을 어루만진다면……. 그게 바로 내가 찾던 구원일 것이다.

* * *

밤이 깊다.
창밖의 바람이 문틈을 스치며 문을 살짝 흔든다.
문에 달린 작은 방울이 숨을 죽인 채 가늘게 떨린다.

'스르르… 딸랑—'

그 소리는 먼 곳에서 흘러오는 듯한 작은 종소리로, 고요한 방 안에 오래 머문다.

나는 조용히 눈을 감는다.
할머니의 말과 지인의 목소리가 겹쳐 들린다.

"가득 찬 마음은 울지 못한단다. 비워야 울릴 수 있어."

그 말이 내 안에서 한참 울린다.
나는 그 울림 속에서 비로소 내 삶의 소리를 듣는다.

이제 알겠다. 종은 속이 비어야 울리듯, 사람도 마음이 비어야 사랑을 전할 수 있다. 그 울림이 멀리 퍼질 필요는 없다. 단

한 사람의 마음에 닿는다면, 그것으로 충분하다.

내 삶의 빈 종이 오늘도 조용히, 그러나 분명히 울린다.

11.

희망을 품고 걷는 길

삶은 종종 우리를 예고 없이 흔든다. 뜻하지 않은 병, 이별, 실패……. 그럴 때마다 마음은 금이 가고, 세상은 내게 너무 가혹하게 느껴진다.

하지만 나는 그 금이 간 자리로 빛이 들어온다는 걸 배웠다. 상처가 깊을수록 빛은 더 깊이 스며든다.

* * *

고정희 시인의 「상한 영혼을 위하여」를 처음 읽은 건 암 수술을 마친 어느 가을날, 병실의 고요 속이었다. 창문 너머로 빛 한 줄기가 내려앉을 때, 어디선가 한 음성이 속삭였다.

"살아라."

그건 오래전 돌아가신 할머니의 목소리였다. 그 한마디가 내 가슴을 흔들었다. 그제야 알았다. 희망이란 멀리 있는 게 아니라, 사랑의 기억 속에서 다시 살아난다는 것을.

할머니는 늘 말씀하셨다.

"비 온 뒤에 피는 꽃이 향기가 진하다."

그 말을 이해하기까지 오래 걸렸다. 어릴 적엔 단순한 비유인 줄 알았지만, 지금은 삶의 이치를 담은 진리로 다가온다.

할머니의 삶은 바람과 비의 연속이었다. 가난한 살림에도 늘 웃음을 잃지 않으셨고, 허리가 굽어가면서도 마을 어른들을 챙기셨다.

"할머니, 왜 힘들어도 웃어요?"

그때 할머니는 미소 지으며 말씀하셨다.

"웃지 않으면 희망이 나를 잊는다."

그 말은 지금도 내 안에서 숨 쉰다. 희망은 웃음 속에서 자란다. 울음이 마음을 씻어낸다면, 웃음은 그 마음을 다시 세워준다.

이제 나도 어느덧 할머니보다 나이 많은 손자가 되었다.

삶은 여전히 거칠고, 세상은 자주 마음을 다치게 하지만, 나는 안다. 고통은 끝이 아니라 시작이며, 절망은 희망이 깃들 자리라는 것을.

얼마 전, 오래된 친구 한 사람이 세상을 떠났다. 그의 빈자리를 바라보며 할머니의 웃음이 떠올랐다. 그 친구의 웃음 또한 많은 이들에게 작은 희망이 되어 있었다는 걸, 나는 장례식장에서야 비로소 깨달았다.

희망은 거창한 기적이 아니다. 누군가의 손을 잡아주는 일, 지친 마음을 토닥이는 한마디, 그리고 '괜찮다'는 미소 속에 머무른다.

누구나 마음에 상처 하나쯤은 품고 산다. 그 상처는 처음엔 아프지만, 세월이 흐르면 사람을 단단하게 만든다. 비바람을 견딘 나무의 나이테가 깊듯, 상처를 견딘 영혼도 그렇게 깊어진다.

할머니의 주름진 손등이 그랬다. 세월의 자국마다 온기가 흐르고 있었다. 그 손으로 내 이마를 쓰다듬던 기억이 지금의 나를 다시 걷게 한다. 그때는 몰랐다. 그 손길이 곧 희망이었다는 걸.

나는 다시 묻는다.

"희망은 어디에서 오는가."

아마도 희망은, 누군가를 향한 사랑과 이해에서 비롯되는 것이리라.

용서가 없는 사랑은 짧고, 감사가 없는 삶은 메마르다. 그 둘을 이어주는 다리가 바로 희망이다. 그 다리를 건널 때, 비로소 삶의 무게가 가벼워진다.

나는 오늘도 스스로에게 말한다.

"삶이 흔들려도 괜찮다. 다시 걸으면 된다.
그 길 끝에는 반드시 희망이 기다린다."

삶은 고해의 바다 같지만, 그 바다를 건너는 노는 내 손에 있다. 그 손을 쥐고 있는 한, 파도에 흔들려도 침몰하지 않는다.

바람이 분다.
구름 사이로 빛 한 줄기가 스며든다.
나는 그 빛을 향해 천천히 걸어간다.

그 길 위에서, 희망은 다시 내 안에서 자란다.

"할머니, 당신의 웃음을 닮고 싶습니다.
비를 맞아도 괜찮습니다.
그 빗속에서도 피어나는 꽃이 되겠습니다."

제2장

기억의 유산과 세대의 숨결

I부

흙과 기억의 노래

1.

지리산과 섬진강, 나의 생태문학

삶의 여정은, 잊고 지낸 풍경에서 조용히 다시 시작된다.

내 10대 시절은 지리산 자락과 섬진강 물길 사이에서 흘러갔다. 구례의 품 안에서, 두 할머니의 손길 속에서, 나는 사람의 온기와 자연의 숨결을 함께 배웠다.

그 시절의 풍경은 이제 흐릿한 그리움이 되었지만, 그 기억은 여전히 내 영혼 깊은 곳에서 단단한 뿌리처럼 남아 있다.

문득 미국의 헨리 데이비드 소로(Henry David Thoreau)의 『월든(Walden, 1854)』이 떠오른다. 인간과 자연의 관계를 새롭게 열어 보인, 초월주의 문학이자 생태문학의 출발점 같은 책이었다.

그는 자연 속의 고독을 통해 삶의 본질을 탐구한 사색가였다. 오두막의 삶은 세상과의 단절이 아니라, 진실한 자기와의 대화였다. 그의 사유는 자연과 인간, 그리고 존재의 경계를 잇는 다리였다.

어린 시절의 내 할머니 댁도 어쩌면 나만의 '월든'이었는지도 모르겠다. 구례읍에서 4km 떨어진 작은 마을, 겨우 여섯 가구가 모여 살던 조용한 마을이었다.

외지에서 찾아오는 손님은 드물었고, 식사와 살림은 모두 집에서 해결했다. 학교를 오가는 시간을 빼면, 하루는 온통 자연과 더불어 흘러갔다.

그곳의 시간은 느림의 미학이었고, 세상의 소음을 가만히 거른 침묵이었다. 그 시절의 흙냄새, 새소리, 장독대의 숨결은 지금도 내 글의 밑바탕이 되어 있다.

젊은 날 나는 세상의 속도에 휘둘렸다. 돈과 명예를 좇으며, 지리산의 품과 섬진강의 물결, 그리고 증조할머니와 할머니의 미소를 잊었다. 두 할머니의 사랑이 얼마나 큰 선물이었는지를 뒤늦게야 알았다.

섬진강은 쉼 없이 흘러가지만, 그 물은 언제나 처음처럼 맑았다. 그 물소리가 내게 속삭인다.

“삶은 흘러야 맑아진다.”

이제 남은 생엔 그 깨달음을 다음 세대에 전하고 싶다. 지리산의 숨결, 섬진강의 노래, 그리고 두 할머니의 온기를 글로 옮기고 싶다.

내가 쓰는 글이 『월든』처럼 거대한 울림을 주지 못하더라도, 그 안에 ‘조용한 진실’이 담긴다면 그것으로 충분하다.

자연과 조상의 사랑, 그 두 가지 거대한 뿌리가 내 삶을 지탱해 주었음을 이제 안다. 그 은혜에 보답하듯 나는 오늘도 조용히, 천천히, 묵묵히, 이 길을 걷는다.

지리산의 능선은 여전히 푸르고,
섬진강의 물결은 변함없이 흐른다.
그 품 안에서 나는 작은 생태문학의 한 줄을 써 내려간다.

2.

잊힌 발자국

마당 흙바닥에 남은 발자국은 비가 오면 지워지고, 바람이 불면 흩어진다. 그런데 어떤 발자국은 사라져도 마음속에서는 오래 지워지지 않는다. 그런 발자국은 삶이 흔들릴 때마다 길처럼 다시 떠올라 마음속 길잡이가 된다.

어릴 적 나는 그 발자국을 따라다니는 걸 좋아했다. 우물가로 향하던 작은 발자국, 장독대 옆에 잠시 멈춘 굽은 발자국. 전부 증조할머니와 할머니의 발자국이었다.

나는 장난삼아 그 위를 밟았지만, 지금 생각해 보면 그 자국 하나하나가 살림을 일구고 자식을 키우고 손주를 챙기던 사랑의 자취였다.

새벽마다 물동이를 이고 오시던 길, 어깨에 쌀자루를 메고

들판으로 향하시던 걸음. 그 길에 찍힌 발자국은 노동의 문장이었고, 그 삶을 버텨낸 희생의 문법이었다.

그분들의 어깨 위에서, 그분들의 발자국 위에서 나는 밥을 먹고, 글을 배우고, 사람답게 사는 법을 익혔다.

그때는 몰랐다.
흙 위의 자국은 금세 사라지지만, 그 자국이 남긴 마음은 사라지지 않는다는 것을.

하지만 이제는 안다.
그 흔적이야말로 내 삶을 떠받쳐 준 보이지 않는 유산이었다는 것을. 눈에 보이진 않지만 그 발자국이 없었으면 나는 지금 이 나이로 이렇게 서 있을 수 없었을 것이다.

세월이 흘러 나도 어느덧 일흔 고개를 넘어섰다. 거울 속 얼굴엔 세월이 내려앉고, 걸음은 좀 느려졌지만, 마음속 발자국은 오히려 또렷해졌다. 삶의 고비마다 나는 그분들이 걸어가시던 마당을 떠올린다. 흙이 마르던 날의 냄새, 발자국이 겹쳐 있던 그 좁은 길. 그 위에서 늘 들리던 말.

"영기야, 밥 먹자."

그 한마디가 이 세상 그 어떤 격려보다 단단했다.

그 말이 들리면, 나는 다시 일어났다. 사라진 줄 알았던 발자국이 마음속에서 되살아나, 앞으로 걸어가라고 등을 떠밀어 주었다.

나는 가끔 마당에 서서 눈을 감는다. 먼발치에서 흙먼지가 살짝 일고, 바람이 장독대 뚜껑을 스친다.

'사각— 바스락—'

들리는 건 바람 소리뿐인데, 이상하게 두 분의 발소리가 겹쳐 들린다. 그분들이 걷던 동선이 아직도 내 안을 지난다.

나는 그 자리에 서서 조심스레 묻는다.

"내 발자국은 어떤 모습으로 남을까."

언젠가 내 아들과 손주들이 뒤돌아볼 때 그들이 내 걸음을 기억해 줄까. 거기 안에 사랑 한 줌, 정성 한 점이라도 담길 수 있을까. 만약 손주들이 '그때 할아버지가 먼저 손을 내밀어 주셨지.' 하고 떠올릴 수 있다면 그것으로 나는 이미 충분하지 않을까.

생각해 보면 삶이란 결국 사라지는 발자국의 연속이다. 오늘의 흔적은 내일 비에 지워지고, 누군가의 눈물 위에 또 다른 걸음이 찍힌다. 그런데 마음속에 남은 발자국은 절대로 지워지지 않는다. 조상들의 걸음이 없었다면 나는 이 자리에 서지 못했으리라. 그 걸음은 흙 위의 모양이 아니라, 사랑의 연속이자 효의 발자취였다.

그래서 나는 오늘도 작은 실천을 남기려 한다.
전화 한 통 먼저 걸고,
같이 밥 한 끼 먹자고 부르고,
쓰다듬어 줄 손이 있을 때 아끼지 않으려 한다.
그런 사소한 일이 바로 다음 세대가 밟고 걸어갈 발자국이 될 테니까. 효는 거창한 제사가 아니라 오늘 흙 위에 남겨두는 한 걸음이라는 걸, 이제는 알 것 같다.

밤이 깊어 마루 끝에 앉아 있으면 먼 곳에서 발자국 소리가 바스락거리는 듯하다.

바람이 흙을 스치는 소리 같기도 하고, 증조할머니와 할머니가 여전히 마당을 걸어 다니시는 소리 같기도 하다. 나는 그 소리를 들으며 고개를 숙인다. 그분들이 남긴 발자국 위에 내 작은 걸음을 포개어 본다. 그 순간, 시간은 멈추고 세상은 고요해진다.

그리고 마음속에서 천천히 다짐한다.

'이제는 내가 당신들의 걸음이 되겠습니다.'

그 말은 오늘의 나를 일으키는, 가장 오래된 약속이다.

3.

편지 한 장의 길

군에 입대한 첫해 겨울, 눈이 무릎까지 쌓이던 날이었다.
우편병이 내 이름을 불렀다.

"고영기 일병님, 편지입니다."

봉투를 받아드는 순간, 보내는 이의 이름은 없었다.
그러나 펼쳐보기도 전에 알 수 있었다.
할머니였다.

"해줄 게 없다."

첫 문장을 읽는 순간, 숨이 멎었다. 면회도 못 오고, 밥도 못 챙겨주고, 아프면 달려올 수도 없는 현실을 그분은 그 한 줄로 대신하셨다.

그 짧은 문장 안엔

"밥 잘 먹어라, 다치지 마라, 꼭 살아 돌아오너라."

그 모든 말이 숨어 있었다.

나는 그 편지를 가슴에 넣고 버텼다. 얼어붙은 막사에서도, 눈보라 몰아치던 훈련장에서도. 그 편지는 이불보다 따뜻했고 군복보다 무거웠다. 한 장의 종이가 내 청춘을 붙잡아 주었다.

세월이 흘러 돌아보면, 그때의 위로보다 더 오래 남은 건 후회다. 나는 단 한 번도 답장을 쓰지 못했다. 시간이 없다는 핑계, 쑥스럽다는 이유로 미루었다. '언젠가 꼭 써야지' 하던 그 다짐은 끝내 오지 않았다.

할머니는 단 한 번의 편지로 모든 사랑을 건넸지만, 나는 단 한 줄로도 그 마음을 돌려드리지 못했다. 그 미안함은 세월이 흘러도 지워지지 않았다.

양복을 입고 명함을 내밀며 세상 앞에서는 그럴듯하게 살아왔다. 하지만 서랍 속 낡은 편지를 펼칠 때마다 고개가 나도 모르게 숙여졌다.

그 편지는 내게 위로였고, 동시에 거울이었다. 빛바랜 종이 앞에서만큼은 아무리 나이를 먹어도 어린 손자가 되었다.

노년이 된 지금, 나는 자주 펜을 든다.
손주에게, 제자에게, 때로는 할머니의 영정 앞에.
손 글씨에는 손의 떨림이 담기고, 그 떨림은 마음의 진심이 된다.

글씨가 흐를수록 마음은 단단해진다.
그 진실을 나는 할머니의 편지에서 배웠다.

하루는 손자가 물었다.

"할아버지, 왜 편지를 써요?"

나는 잠시 웃으며 말했다.

"편지는 마음이 천천히 도착하는 길이란다."

그 말을 하고 나서야 알았다. 효란, 받은 사랑을 되돌려주는 일이라는 것을. 그분이 내게 조용히 남기고 가신 그늘 같은 사랑을, 이제는 내가 누군가에게 드리워야 한다는 것을.

그래서 오늘도 짧은 편지를 쓴다.

"네가 살아줘서 고맙다."

그 한 줄이면 충분하다. 그 문장 속엔 할머니의 음성, 나의 청춘, 그리고 다음 세대의 숨결이 함께 들어 있다.

서랍 속 편지를 다시 펼쳐 본다.
종이는 바랬지만 글씨는 여전히 선명하다.
그때의 사랑은 종이 위에서 아직도 숨을 쉬고 있었다.

나는 조용히 중얼거린다.

"할머니, 이제야 답장을 씁니다.
당신의 마음에 내 삶으로 대답했습니다."

그 말을 하고 펜을 놓는다. 이제 그 편지는 하늘로 향한 답장이 아니라, 땅 위에서 이어질 또 하나의 시작이다.

언젠가 나의 글씨도 누군가의 마음에 이불처럼 따뜻한 기억으로 남기를, 그 길이 내 아들과 손주에게로 이어지기를 바라며.

II부

빛으로 남은 사랑

4.

달빛은 말없이 남는다

마당 끝 장독대 옆, 항아리는 말이 없고 달빛만 조용히 내려앉아 있었다.

그 곁에 앉은 할머니가 두 손을 포개어 달을 올려다보시던 모습이 떠오른다. 그때의 나는 그 자리를 그저 지루한 밤으로만 여겼다. 그러나 세월이 흘러서야 알았다. 그곳은 마음을 익히는 자리였음을.

“달빛이 잘 드는 자리가 간장을 익혀.”

그 말씀은 단순한 생활의 지혜가 아니었다. 달빛은 간장만이 아니라, 사람도 천천히 익히고 있었다. 삶의 짠맛과 단맛이 고루 스며들도록, 그분은 세상을 배우고 또 견뎠다.

밤은 깊어가고, 항아리들은 어둠 속에서도 희미한 윤을 품었다. 둥근 뚜껑 위의 이슬이 달빛을 부드럽게 흘려보내면, 바람이 스치며 항아리 옆면이 낮게 울렸다.

그 소리는 오래된 숨결처럼 느리게 번졌다. 흙냄새와 간장의 짠 향이 섞여 사람의 기억 속까지 스며드는 듯했다.

그때의 나는 몰랐다. 달빛 아래의 침묵이 얼마나 많은 기도를 품고 있었는지. 나는 늘 서둘렀고, 그 옆에 앉을 줄 몰랐다.

그날 밤이 마지막이었다.

할머니는 장독대를 돌며 항아리 뚜껑을 살피셨다. 달빛이 항아리마다 고르게 내려앉아 있었다. 나는 그 빛을 따라가다 말고, 끝내 "사랑합니다." 한마디조차 건네지 못했다.

그 후로 세월이 흘러도, 그 장면은 내 마음속에서 지워지지 않았다. 달빛만 보면 할머니의 뒷모습이 되살아났다. 세상의 모든 걱정을 대신 짊어진 듯한 그 모습이 늘 내 안에서 빛으로 남았다.

이제는 내가 그 자리에 앉는다. 항아리 곁이 아니어도 좋다.

불 꺼진 거실 창가든, 작은 베란다의 의자든 괜찮다. 중요한 건 자리가 아니라 마음이다. 지켜내려는 마음, 기다릴 줄 아는 마음. 그 마음이 사람을 익히고, 세월을 견디게 한다. 나는 잔소리 대신 등을 토닥이고, 조급한 질문 대신 기다림을 배운다.

말보다 오래 남는 사랑, 그 느린 방식을 이어가고 싶다.

가끔 달빛이 손등 위에 내려앉는다. 차갑다고 믿었던 빛이 이상하게 따뜻하다. 어릴 적 할머니가 내 손을 덮어주던 온기와 닮았다.

그 순간 나는 안다. 사랑은 말로 전해지는 게 아니라, 이렇게 시간 속에서 스며드는 것이라는 걸.

사람은 결국 자신이 바라보던 풍경을 닮는다. 할머니는 늘 달빛 아래 앉아 계셨고, 그 달빛은 조용히 사람을 길렀다.

이제 나는 그 빛의 조각 하나를 마음에 품고 산다. 언젠가 내 아들이, 내 손주가 내 뒷모습을 바라볼 때, 그들도 이렇게 말하길 바란다.

"우리 할아버지는 말이 없으셨지만,
그 자리에 늘 달빛이 있었다."

오늘 밤도 달빛은 조용히 흐른다. 그 빛은 말이 없지만 그 침묵 속에서 세상은 천천히 익어간다. 사랑도 그렇게, 조용히 빛 속에 머문다.

나는 달빛을 향해 속삭인다.

"할머니, 이제는 제가 그 자리에 앉습니다.
당신이 남긴 그 빛으로, 저도 누군가를 길러가겠습니다."

달빛은 대답하지 않는다. 다만 내 손등 위에 내려앉아 조용히 마음을 덮어준다. 그 침묵 속에서 나는 한 가지를 분명히 느낀다.

사랑은 말없이 오래 남는 빛이다.

5.

찻잔 속의 온기

겨울이면 부엌의 아궁이 앞은 언제나 따뜻했다. 장작불이 스르르 스러지는 소리, 주전자에서 피어오르던 보리차 김, 그 속엔 세월의 냄새가 배어 있었다.

부엌문을 열면 눈앞이 김으로 뿌옇게 흐려졌고, 나는 두 손을 비비며 할머니 곁에 꼭 붙어 앉았다. 그때마다 할머니는 작은 찻잔을 내밀며 말씀하셨다.

"얘야, 따뜻한 건 나눠야 오래가지."

그 뜻을 몰랐던 나는 차가 너무 뜨겁다며 후후 불어 식히기에만 바빴다. 차를 반쯤 남기고 일어서면 할머니는 말없이 그 찻잔을 들어 마지막 한 모금까지 다 드셨다.

나는 그 모습을 아무렇지 않게 지나쳤다.

세월이 흘러 이제 할머니는 내 곁에 계시지 않는다. 혼자 부엌에 앉아 전기포트로 물을 데우는 요즘, 스테인리스 주전자의 금속음이 울릴 때마다 그때의 장작 타는 냄새가 마음속에 피어오른다.

찻잔을 두 손으로 감싸 쥐면 따뜻한 김이 손끝을 타고 올라온다. 그 온기 속에서 나는 다시 어린 시절로 돌아간다.

할머니의 손길이 내 손등을 덮던 그 순간처럼, 시간은 잠시 멈추고 마음만 살아난다.

그제야 알았다. 그분이 내게 건네주신 건 단순한 보리차가 아니었다는 것을. 삶의 무게를 덜어내고 싶은 마음, 자식과 손자를 한 번이라도 더 데워주고 싶은 마음, 그 모든 사랑이 김처럼 피어올라 그 작은 찻잔 속에 담겨 있었음을.

나는 가끔 후회한다.

왜 그때 더 오래 마주 앉지 않았을까.

왜 그 따뜻함을 당연히 여겼을까.

할머니는 말보다 기다림이 길었고, 그 기다림이 곧 사랑이었음을 나는 너무 늦게 알았다.

하지만 후회 끝에는 감사가 자리 잡는다. 그분이 남겨주신 말과 습관이 지금의 나를 지탱하고 있기 때문이다. 이제야 깨닫는다. 사랑이란 뜨거운 순간이 아니라 식지 않게 나누는 마음이라는 것을.

하루를 마칠 무렵, 나는 여전히 찻잔에 보리차를 따른다. 한 모금 마시고 나면 가슴속에 부드러운 온기가 번진다. 그 온기는 할머니의 숨결처럼 조용하고 꾸준하다.

때로는 아들에게, 때로는 친구나 후배에게, "따뜻한 거 한잔 하자."라고 건넨다. 그 말속에는 할머니의 목소리가 숨어 있다. 그분의 온기가 세대를 넘어 흐르길 바라며.

사람의 사랑이란 결국 이런 것 아닐까.
한 찻잔의 온기처럼, 조용히 그러나 깊게 전해지는 것.
차는 금세 식지만, 뜨거운 진심은 천천히 식는다.

할머니의 부엌, 그 장작불의 붉은 빛이 사라진 자리에서도 나는 여전히 그 향을 기억한다. 그 기억이 내 마음을 덮고, 오늘의 나를 따뜻하게 만든다.

그리고 다짐한다.

'오늘도 누군가의 찻잔이 되어야지.'

내가 건네는 따뜻한 말 한마디, 작은 배려 하나에도, 그분의 손길이 깃들어 있다. 그렇게 이어진 온기 덕분에 세상은 아직 따뜻하다.

겨울밤, 창가에 앉아 다시 찻잔을 들면 김이 천천히 올라와 방 안을 채운다. 그 속에 희미하게 비치는 할머니의 얼굴. 나는 속삭인다.

"할머니, 이제야 알았어요.
그때의 차 한잔이 제 인생의 온기였다는 걸요."

달빛이 흰빛으로 찻잔 위에 내려앉는다.
김은 사라지고, 마음만 남는다.

그 온기 속에서, 사랑은 여전히 식지 않고 피어오른다.

6.

개나리와 동백, 두 겹의 사랑

어릴 적, 나는 밤마다 할머니 품에 안겨 잠이 들었다. 창밖에서 바람이 가지를 흔들면, 할머니는 조용히 옛이야기를 들려주셨다. 그 목소리는 세상에서 가장 따뜻한 자장가였고, 거친 손길이 닿는 곳마다 온기가 번졌다. 그 온기를 당연한 듯 받으며, 나는 꿈을 키워 갔다.

할머니는 말씀이 적으셨다. 그러나 그 침묵 속엔 언제나 깊은 사랑이 숨어 있었다. 밤새 기침을 하면 등을 쓸어주시던 손, 새벽녘에 끓여주시던 생강차, 부채질하며 식혀 건네던 밥 한 그릇, 무릎이 까진 내게 발라주시던 약 한 방울까지……. 그 모든 것이 말없는 기도였다.

세월의 무게를 묵묵히 견디던 그 손, 그 손이 내 어린 삶의 온기를 지켜 주었다.

* * *

봄이 오면 마을 어귀마다 개나리가 노랗게 피었다.
나는 작은 손으로 꽃 한 움큼을 꺾어 할머니께 내밀었다.

"할머니, 꽃이 폈어요!"

그러면 할머니는 웃으며 말씀하셨다.

"그래, 우리 영기도 개나리처럼 환하게 피어나거라."

그 말은 단순한 덕담이 아니었다. 그 속엔 평생의 바람과 희생이 스며 있었다. 봄마다 핀 개나리는 나를 향한 할머니의 기도였고, 오늘의 나는 그 기도가 맺은 열매였다.

여름이면 푸른 잎 사이로 햇살이 쏟아졌다. 할머니는 뙤약볕 아래서 김을 매고, 무거운 짐을 이고 지셨다. 이마에서 떨어진 땀방울은 빛을 받아 반짝였고, 나는 그 옆에서 매미 소리를 들으며 잠이 들곤 했다. 그 땀방울이 내 삶을 지탱한 보석 같은 사랑이었음을, 나는 한참 뒤에야 깨달았다.

가을이 오면 들녘의 벼가 고개를 숙였다. 마루에 앉아 감을 깎으시던 할머니의 손끝은 가을 햇살처럼 반짝였다. 그 눈빛 속에는 지친 세월이 아니라, 사랑의 결실이 담겨 있었다.

겨울이 되면 고향집 마당에는 동백이 피었다. 눈 위로 떨어지는 꽃잎은 어린 마음에도 쓸쓸했다. 나는 그 꽃잎을 주워 고무신 끈에 꿰어 목걸이를 만들어 드렸다. 할머니는 그 목걸이를 걸고 환히 웃으셨다. 그 웃음에는 세상의 추위가 녹아내렸다.

나중에야 알았다.
떨어진 꽃잎 하나에도 사랑의 무게가 실려 있었다는 것을.

* * *

아직 어둠이 남은 새벽, 마루 위 정화수 그릇.
할머니는 두 손을 모아 기도하셨다.

“우리 손자 잘되게 해주소서.”

맑은 물 위로 흔들리던 별빛이 지금도 눈에 선하다.

그 물은 단순한 물이 아니었다.
눈물 같은 사랑, 별빛 같은 기도였다.

그 곁에는 늘 증조할머니가 계셨다. 작은 체구, 굽은 허리로 새벽마다 묵주알을 돌리시던 모습. 나는 장난스레 그 손을 잡아끌곤 했지만, 그분은 늘 미소로 받아주셨다. 증조할머니의 존재는 말보다 조용한 그늘이었고, 그 기도는 바람처럼 내 삶을 감싸 주었다.

마당 한쪽에서 동백꽃을 바라보시던 그 시선…….
그것이 내게 남은 두 번째 사랑의 언어였다.

* * *

세월이 흘러 두 분은 내 곁에서 떠나셨다. 그러나 나는 여전히 그분들을 만난다. 아파트 정원에 핀 개나리, 눈 위에 떨어진 동백꽃, 장맛비에 스며드는 흙냄새, 새벽마다 반짝이는 별빛과 정화수 한 그릇. 그 모든 것이 두 겹의 사랑으로 지금도 내 삶을 감싸고 있다.

힘들고 지칠 때면 바람 속에서 그 목소리가 들린다.

“괜찮다, 영기야.”

그 한마디가 내 삶을 다시 일으킨다.

할머니와 증조할머니, 당신들은 세상을 떠난 것이 아니라 꽃과 별, 물과 향기로 내 삶 속에 남아 계신다.

내가 살아가는 힘은 모두 그 사랑 덕분이다. 그 사랑을 잊지 않고 내 삶 속에서 피워내는 것, 그것이 내가 드릴 수 있는 가장 큰 효도일 것이다.

이제는 두 분의 손을 잡을 수 없지만, 나는 안다. 노란 개나리와 붉은 동백, 여름의 땀과 가을의 햇살, 새벽의 정화수와 저녁의 별빛……. 그 모든 것이 나를 지켜준 두 겹의 사랑이었음을.

Ⅲ부

일상에 피는 사랑

7.

꽃으로 남은 사랑

어린 날의 집은 늘 꽃으로 둘러싸여 있었다. 울타리엔 찔레꽃이 피고, 마당엔 호박꽃이 고개를 들었다. 봄이면 진달래가 언덕을 붉게 물들이고, 여름이면 철쭉이 다정하게 피어올랐다. 가을엔 국화 향이 가볍게 흩날렸고, 겨울에도 마른 줄기 사이로 희미한 생명이 남아 있었다.

그 모든 풍경은 내겐 너무도 당연했다. 나는 꽃 사이를 뛰놀며 이름도 모른 채 꽃잎을 꺾고, 햇볕 아래서 흙바닥에 드러누워 눈부신 하늘 아래 떠가는 구름들을 헤아리곤 했다.

그러나 이제야 안다. 그 모든 것이 우연이 아니었다는 것을. 누군가의 손길, 누군가의 마음이 흙 속에 심겨 있었다. 그 손은 할머니의 것이었다.

할머니는 마당 한편에서 김을 매셨다. 낡은 호미로 흙을 고르고, 양동이로 물을 길어 꽃 뿌리에 적셨다. 나는 그 모습을 단순한 일상으로만 여겼다. 하지만 그 손길은 나를 키우는 일이기도 했다. 꽃이 피는 동안 나는 자랐고, 그늘 아래에서 나는 사랑을 배웠다.

그때 피었던 꽃들은 모두 할머니의 마음이자 나를 위한 기도였다. 그 손끝에서 흙은 향기를 품었고, 그 향기 속에서 나는 세상의 따뜻함을 배웠다.

세월이 흘러 도시의 회색 속에서 살아가며 많은 정원을 보았다. 화려한 조경, 정교한 분수, 이국의 식물들……. 그러나 어느 곳에서도 그 마당의 온기를 다시는 찾지 못했다.

내가 보아 온 가장 아름다운 정원은 화려하기만 한 정원이 아니라 사람의 손길로 가꿔진 정원이었다. 그 향기를 빚어낸 것은 흙이 아니라 사랑이었다.

때로는 후회가 찾아온다.
왜 더 오래 그 마당에 머물지 않았을까.
왜 그 꽃들을 하찮게 여겼을까.

이제야 깨닫는다.
그 꽃들이야말로 나를 감싸주던 울타리였음을.

이제는 내가 그 정원을 이어야 할 때가 되었다.
손주들이 마당에서 웃으며 뛰논다. 그 웃음 속에 옛날의 내가 보이고, 그 손주들을 바라보는 내 모습 속에 할머니가 겹쳐진다.

꽃은 흙에서만 피는 것이 아니었다.
사람의 마음에서도 피어난다.
내가 물을 주는 것은 화초가 아니라 마음이다.
그 마음이 손주들 기억 속에서 오래 피어 있기를 바란다.

나는 소망한다.
언젠가 손주들이 나를 기억할 때 국화 향처럼, 찔레꽃 담장처럼, 마음에 은은히 피는 사람으로 남기를.

세상은 변하고 집은 사라져도 사랑은 꽃보다 오래 피어난다. 할머니의 정원이 내게 그것을 가르쳐 주었다.

오늘도 나는 창가의 꽃에 물을 준다. 그 물은 흙으로 향하지만,

실은 내 마음으로 흘러간다. 꽃이 피어나듯, 기억도 피어난다.

그 피어남 속에서 나는 안다. 내 유년의 집은 단순한 마당이 아니었다. 그것은 꽃으로 지어진 집, 사랑으로 심어진 정원이었다.

그리고 지금 나는, 또 다른 세대의 마음속에 한 송이 꽃으로 피어나고 있다.

8.

교실 난로 위의 손길

1957년 겨울, 전주 도심의 한 오래된 초등학교 교실 안이었다. 창문 틈새로 눈발이 스며들었고, 손끝은 얼음처럼 차가웠다. 발등은 감각이 사라진 듯했고, 종아리엔 냉기가 뼛속까지 스며들었다. 나는 무릎을 끌어안고 웅크렸다.

교실 한가운데 놓인 낡은 난로는 우리 반 아이들에게 작은 태양이었다. 장작 타는 냄새와 도시락 속 김치 냄새가 뒤섞인 공기 속에서도 그곳만은 따뜻했다.

아이들은 도시락을 난로 위에 차례로 올려놓았다. 철제 도시락 뚜껑 사이로 김이 피어올랐고, 계란부침 냄새와 볶은 멸치 향이 허기를 자극했다. 내 도시락은 언제나 맨 위였다. 오래된 알루미늄 뚜껑은 덜컹거렸고, 안에는 반쯤 탄 계란부침이 깔려 있었다.

* * *

3교시가 끝나갈 무렵, 뒤쪽 문이 '끼익' 소리를 내며 천천히 열렸다. 어린 증손자가 보고 싶어서 오신 증조할머니가 하얀 치마, 검정 고무신, 손에는 작은 보자기를 들고 서 계셨다.

자리에서 벌떡 일어선 나를 보고 증조할머니는 주름진 얼굴에 미소를 지으셨다. 말없이 보자기를 풀자, 따스한 온기가 교실 안으로 번졌다. 그 안에는 도시락 하나, 그리고 작은 조약돌이 있었다. 아궁이 속에서 달궈온 듯 따뜻했다. 추운 교실에서 찬 도시락을 먹을까 봐 걱정하신 증조할머니가 막 지어오신 도시락이었다.

"찬바람이 심하대서…… 아궁이에 데워왔지. 점심시간 맞춰 지었어."

뚜껑을 여는 순간, 하얗게 피어오르는 김과 함께 된장국 냄새가 퍼졌다. 윤기 도는 밥 위엔 노릇한 계란부침이 반으로 접혀 있었다.

아이들이 몰려들었다.

"와, 너희 할머니가 이거 다 해주신 거야?"

그들의 목소리 속에서 나는 세상에서 제일 부자가 된 기분이었다.

숟가락을 들어 국을 한입 머금는 순간, 혀끝보다 마음이 먼저 뜨거워졌다. 고개를 들자, 증조할머니는 뒷문가에 조용히 서 계셨다. 아이들 틈에 묻히지 않으려, 멀찍이 서서 나를 바라보며 말씀하셨다.

"맛있게 먹어라잉."

그 한마디를 남기고 치맛자락을 바람에 흩날리며 나가셨다. 그 뒷모습이 사라질 때까지 나는 숟가락을 내려놓고 문을 바라봤다.

그날 이후, 증조할머니는 다시 교실에 오지 않으셨다. 겨울이 끝나기 전, 시골에서 쓰러지셨다는 소식이 들려왔다. 봄기운이 퍼지던 때 그분은 조용히 세상을 떠나셨다.

그해 봄부터 나는 스스로 도시락을 챙겼다.

김치, 마른 멸치, 때로는 계란 없는 감자볶음. 밥은 여전히 따뜻했지만, 된장국 냄새는 더 이상 나지 않았다.

난로 위에 도시락을 올릴 때마다 나는 자꾸만 뒤를 돌아보았다. 혹시 교실 문이 다시 열리고 증조할머니가 들어오시지 않을까.

그러나 그 자리는 언제나 비어 있었다.

* * *

세월이 흘러 나는 교사가 되었다. 겨울마다 교실 가운데 난로가 켜지고, 아이들의 도시락이 차곡차곡 그 위에 쌓였다.

어느 날, 한 아이가 내게 물었다.

"선생님, 도시락이 왜 이렇게 따뜻해요?"

나는 잠시 눈을 감았다가 대답했다.

"옛날에도 그랬단다.

누군가의 손길이 도시락을 데워주던 시절이 있었지."

그리고 마음속으로 속삭였다.

'할머니, 그날 난로 위에 올려주신 건 밥이 아니었어요. 사랑이었어요. 그 손길이 아직도 제 도시락 속에 남아 있습니다. 이제는 저도 누군가의 밥을 그렇게 데워주고 싶습니다.'

지금도 겨울 아침, 난로에서 김이 피어오르면, 나는 문득 1957년의 교실을 떠올린다. 하얀 김 사이로, 보자기를 풀며 미소 짓던 증조할머니의 얼굴이 보인다.

그때 난로 위에 올려졌던 건 도시락 한 통이 아니라, 사랑 하나의 온기였다.

그 불빛은 반세기가 지난 지금도 내 마음속에서 꺼지지 않는다. 교실 난로의 불은 여전히 타올랐고, 그 위로 누군가의 따뜻한 손길이 조용히 내 삶을 덮어주었다.

9.

밥 한 덩이로 남은 사랑

여름 장마가 고향 마을을 삼키던 해, 우리는 초등학교 강당으로 피난을 갔다. 논과 밭은 빗물에 잠기고, 집들은 물에 잠겨 있었다.

젖은 이불을 덮고 초라한 돗자리에 몸을 누이던 그 강당, 내가 유일하게 안심했던 순간은 끼니때였다. 나는 언제나 배부르게 밥을 먹었으니까.

그러나 지금 돌아보면 그것은 기적이었다. 음식은 턱없이 모자랐고 모두가 허기져 있었는데, 어떻게 나만 늘 배부를 수 있었을까.

그 답은 할머니였다.
그분은 자기 몫을 덜어내어 내 그릇에 얹어주셨다.

“많이 먹어라.”

말없이 웃으며 밥그릇을 채워주시던 그 손길. 그때의 나는 그 의미를 몰랐다. 그저 철없이 숟가락을 놀리며 배부름을 당연한 일로 여겼다.

하지만 뒤늦게 깨달았다. 내가 씹던 밥 한 덩이는 사실 할머니의 허기였다. 그분은 찬물로 배를 달래면서도 내 숟가락이 멈추지 않도록 지켜주셨다.

청년이 되어 혼자 밥을 먹을 때면 그 밥이 문득 떠올랐다. 회사 구내식당의 밥은 뜨거웠지만 맛이 없었다. 비 내리던 강당, 젖은 공기, 나무젓가락, 그리고 내 앞에 가득했던 밥그릇이 떠올랐다.

그때 왜 묻지 않았을까.

“할머니, 같이 드세요.”

그 말 한마디가 그렇게 어려웠을까.
그 질문이 밥알처럼 목에 걸려 지금도 내려가지 않는다.

이제야 안다.

그때의 밥은 끼니가 아니라 사랑이었다. 한 사람의 몫을 덜어내어 건넨 기도였다. 내 숟가락 위에 얹히던 밥알 하나하나는 그분의 허기를 대신한, 조용한 희생의 증거였다.

나는 그 밥으로 자랐고, 그 밥으로 지금까지 버텨왔다.

세월이 흘러 이제는 내가 밥을 짓는 사람이 되었다. 손주들의 밥상에 숟가락을 얹을 때마다 그 손길이 다시 되살아난다.

손주가 묻는다.

"할아버지, 왜 나만 밥이 많아요?"

나는 웃으며 대답한다.

"괜찮아, 할아버지는 배 안 고파."

그 말을 내뱉는 순간, 가슴이 아렸다.
그건 분명, 할머니의 목소리였다.

밥은 말이 없지만 그 온도는 마음을 닮았다. 숟가락 하나에 담긴 사랑은 세대를 건너 흐른다. 나는 그분이 내게 물려주신 한 덩이의 밥을 이제 다른 누군가에게 건네주고 싶다.

그 여름 강당에서 나는 몰랐다. 왜 내 그릇만 가득했는지, 왜 그분의 입술이 늘 마른 채였는지. 그러나 이제는 안다. 사랑은 배부름으로 기억된다는 것을. 누군가의 허기를 대신한 그 밥 한 덩이가 내 삶을 지켜주었다는 것을.

오늘도 나는 조용히 밥을 짓는다. 솥뚜껑을 여는 순간 퍼져 나오는 뜨거운 김 속에서 그분의 숨결이 느껴진다.

언젠가 다시 그분을 만나면 꼭 말씀드리고 싶다.

"할머니, 그때 저만 배부르게 해주셔서 감사합니다.
이제는 제가 당신께 밥을 퍼드리겠습니다."

10.

돌담 아래 그 기다림

눈 내리던 겨울밤이었다. 버스를 놓치고 늦게 고향 마을에 들어서던 그날의 풍경이 아직도 눈에 선하다. 어둠은 내 키보다 먼저 내려앉았고, 골목은 낯설 만큼 고요했다. 마을 어귀 돌담 아래, 희미한 등불 아래에 구부정한 그림자 하나가 서 있었다. 할머니였다.

놀람과 안도감이 한꺼번에 밀려왔다.
할머니는 꾸짖지 않으셨다.

"왔다 아이가, 다행이다."

그 한마디엔 추위보다 따뜻한 온기가 담겨 있었다. 그날의 기다림이 그저 습관인 줄 알았다. 그러나 지금은 안다. 그 자리에 서 있었다는 것, 그것은 말 없는 기도이자 가장 깊은 사랑의 형태였다는 것을.

청년이 되어 도시의 신호등 앞에 멈춰 설 때면, 가끔 그 겨울 밤의 그림자가 떠오른다. 눈 내리는 마을 어귀에서 오지 않는 손자를 기다리던 그 뒷모습. 그 안에는 '괜찮다'는 인내와 '무사하길' 바라는 기도가 함께 서 있었다.

그땐 몰랐다. 기다림이 얼마나 무거운 마음인지, 그 자리를 지킨다는 게 얼마나 깊은 사랑인지를. 그때의 기다림은 단지 귀가를 위한 시간이 아니라, 내 인생을 지켜준 보이지 않는 울타리였다.

이제는 내가 그 자리에 선다.

손자가 늦는 날이면 현관 앞에 나가 서 있다. 학원 앞, 지하철역 입구, 골목 모퉁이. 등불을 들 필요도, 눈보라를 뚫을 이유도 없지만 마음은 그때와 다르지 않다.

기다림은 여전히 사랑의 또 다른 이름이기 때문이다.

멀리서 손자의 모습이 보이면 그 순간, 나는 깨닫는다. 지금 내가 서 있는 이 자리야말로 그날 할머니가 서 계시던 바로 그 자리임을. 세월은 흘렀고, 시대는 바뀌었지만 사랑은 여전히 기다림의 형태로 존재하고 있었다.

사랑은 도착의 순간보다, 먼저 도착한 기다림 속에 담겨 있다. 누군가를 위해 서 있는 그 시간, 그 자리에 서 있는 그 마음. 말 한마디 없지만, 그 침묵 속엔 천 마디의 위로가 숨어 있다.

돌아보면, 할머니는 언제나 그렇게 나를 지켜주셨다. 밤길을 서성이며, 추위를 견디며, 등불 아래 서 계시며. 그 기다림이 나를 길러내셨다. 그 기다림 덕분에 나는 넘어지지 않았고, 길을 잃어도 돌아올 수 있었다. 할머니의 기다림은 말보다 깊은 사랑이었다.

이제 나는 그 마음을 이어받는다. 서두르지 않고, 다그치지 않고, 그저 서 있는 것만으로 전해지는 사랑을 배우고 있다. 손자가 멀리서 손을 흔들며 걸어올 때, 그 웃음 속에서 나는 내 유년의 나를 본다. 그리고 그 손자를 바라보는 내 눈빛 속에는 분명 할머니의 따뜻한 시선이 겹쳐 있다.

기다림은 결국 시간의 다른 이름이 아니라, 사랑의 가장 오래된 언어다. 그 언어는 세월을 건너 다시 내 안에서 피어난다.

언젠가 다시 할머니를 만난다면 꼭 말씀드리고 싶다.

“할머니, 그 밤의 기다림 덕분에 제가 여기까지 왔습니다.
이번에는 제가 당신을 기다리겠습니다.
이번에는 제가 그 자리에 서 있겠습니다.”

그 말이 내 마음속에서 오랫동안 울린다.
돌담 아래로 내리던 눈발처럼, 조용하고, 깊고, 따뜻하게.

Ⅳ부

세대를 잇는 사랑

11.

빨랫돌 아래 흐르는 사랑

여름 강가에는 언제나 같은 빨랫돌 하나가 있었다. 물속에 반쯤 잠긴 그 돌은 이름도 없었지만, 묵묵히 흐르는 세월 속에서 한 집안의 삶을 지탱해 온 돌이었다.

할머니는 매일 그 위에 옷을 올려놓고 비비셨다. 비누 거품이 물결에 스며들면 햇빛이 반짝였고, 나는 그 옆에서 물장구를 치며 웃었다. 그 손끝에서 튀던 물방울이 세상의 전부인 줄 알았다.

지금 돌아보면 그 물방울마다 삶의 무게와 사랑의 온기가 스며 있었다. 그 빨랫돌은 단순한 돌이 아니라, 사랑의 노동과 침묵의 인내를 품은 '말 없는 증인'이었다.

강가의 빨래터는 언제나 분주했지만, 그 속의 할머니는 늘 고요했다. 두 손으로 옷을 비비며 한숨 대신 미소로 하루를 닦아내셨다. 그 손등에는 주름보다 더 깊은 강이 흘렀고, 그 강 위엔 세월이 조용히 앉아 있었다. 어린 나는 그 풍경을 단순한 일상이라 여겼지만, 그건 한 가정을 지탱하는 사랑의 의식이었다.

해가 서쪽으로 기울면 노을빛이 강물 위에 번졌다. 빨래는 깨끗해졌지만, 노을빛은 할머니의 손등에 남았다. 그 붉은 빛은 하루의 끝이 아니라, 한 생(生)의 사랑이 다 녹아든 빛이었다.

증조할머니의 새벽은 더 일렀다. 닭이 울기 전, 그분의 손끝에서 피어난 불씨가 온 집 안을 데웠다. 어린 나는 그 불빛을 그저 '따뜻하다'고만 느꼈지만, 지금은 안다. 그건 단순한 불이 아니라, 가족을 살리는 사랑의 기술이었다.

그분들은 한 번도 효를 말로 가르치지 않으셨다. 다만 침묵으로 보여주셨다. 묵묵히 일하고, 참고, 기다리며, 자신의 몫보다 더 많은 짐을 감당하는 일. 그 모든 시간이 내 안에 '효'의 뜻으로 새겨졌다.

세월이 흘러 고향을 다시 찾았을 때, 강가엔 더 이상 사람의 발자국이 없었다. 그러나 물가의 빨랫돌 하나만은 여전히 그 자리에 있었다. 나는 무릎을 꿇고 손끝으로 그 표면을 쓸었다. 차가운 돌 위에서 이상하게도 따뜻한 기운이 전해졌다. 그건 손끝으로 이어진 사랑의 잔열이었다.

"할머니, 저 왔어요."

그 말이 바람에 섞여 강물 위로 흩어졌다. 그 순간, 빨랫돌 위에 작은 나뭇잎 하나가 떨어졌다. 그건 마치 당신의 대답 같았다. 말은 없었지만, 그 침묵이 모든 걸 대신했다.

지금 나는 도시에서 살아가지만 마음속에는 여전히 그 강이 흐른다. 삶이 힘들어질 때마다 나는 그 빨랫돌을 떠올린다. 세상은 변하지만, 진짜 사랑은 떠나지 않는다는 것을 그 돌이 내게 가르쳐 주었다.

내가 쓰는 글 속에도, 내가 건네는 말 속에도 그분들의 손길이 묻어 있다. 사랑은 말로 전해지는 것이 아니라 손끝과 눈빛으로 스며드는 것임을, 나는 그분들의 침묵 속에서 배웠다.

노을이 져가고, 강물은 여전히 흐른다.

빨랫돌은 그 자리를 지키며 또 다른 세대를 맞이하겠지.
물은 흘러가지만, 사랑은 남는다.

그 사랑이 내 삶의 중심을 받쳐주는 보이지 않는 돌이 되어 있다.

12.

그해, 할머니와의 사계절

프롤로그: 도시 아이, 시골에 서다

도시에서만 자라던 영기의 동생 여덟 살 영우는 한 해 동안 시골 할머니 댁에서 살게 되었다. 낯선 흙길과 풀냄새가 어색했다.

"할머니, 여긴 다 흙뿐이에요!"

영우의 말에 할머니는 싱긋 웃으며 작은 손을 잡았다.

"이 흙에서 새싹이 나고, 그 새싹이 널 먹여 살릴 거야."

영우는 그 말의 뜻을 다 몰랐지만, 그 손의 온기만은 분명히 느꼈다. 그렇게 낯선 시골의 한 해가 시작되었다.

봄: 새싹이 가르쳐준 생명의 시간

며칠 후, 영우와 할머니가 함께 심은 씨앗들이 조그만 싹을 틔웠다. 영우는 매일 밭으로 달려가 '오늘은 또 얼마나 컸을까?' 하며 들여다보았다.

비가 오던 날, 할머니는 우비를 입혀 주며 말씀하셨다.

"비 오는 날도 해야 할 일이 있단다. 비도 생명을 키우거든."

빗속에서 반짝이던 채소잎을 바라보며 영우는 처음으로 '자라난다'는 말의 뜻을 배웠다.

여름: 뜨거운 햇살 아래 익어가는 마음

여름이 오자 영우는 더 이상 도시 아이가 아니었다. 밀짚모자를 쓰고 뒷산을 오르며 매미 소리를 세었다.

"할머니, 매미는 왜 저렇게 크게 울어요?"
"그건 여름 한철밖에 못 살기 때문이지. 짧은 삶을 있는 힘껏

사는 거야."

영우는 그 말을 곱씹었다.

'짧은 삶을 있는 힘껏…….'

자신도 올여름을 신나게 보내야겠다고 다짐했다.

어느 날, 몰래 수박을 하나 따서 냇가로 달려갔다. 찬물에 발을 담그고 먹는 수박의 단맛에 세상을 다 얻은 듯 웃었다. 멀리서 바라보던 할머니는 빙긋이 웃었지만, 영우는 그 미소 속의 너그러움을 알아차리지 못했다.

가을: 결실의 향기 속에서

들판이 황금빛으로 물들자 영우는 매일 감나무 아래로 뛰어갔다. 할머니가 가르쳐 준 대로 감을 똑 따서 바구니에 담았다. 익은 홍시를 한입 베어 문 순간, 달콤한 맛이 입안에 번졌다.

"할머니, 이건 꿀보다 더 달아요!"

그 달콤함 속에는 땀방울과 기다림이 녹아 있었다.

추석이 되자 할머니는 전을 부치고 송편을 빚었다. 영우의 송편은 모양이 엉망이었지만, 할머니는 웃으며 말했다.

"괜찮아, 우리 영우가 만든 송편이 제일 맛있을 거야."

그 말에 영우는 할머니가 세상에서 제일 사랑하는 손자가 된 듯 가슴이 환해졌다.

겨울: 하얀 세상, 따뜻한 품

겨울이 오자 온 세상이 하얗게 변했다. 할머니는 낡은 나무판으로 썰매를 만들어 주셨다. 영우는 눈밭을 미끄러지며 해맑게 웃었다.

"할머니, 시골의 겨울은 왜 이렇게 따뜻해요?"
"마음이 따뜻하면 어디든 따뜻하지."

저녁이면 아궁이 불이 타올랐다. 영우는 불빛 앞에 앉아 할머니의 손을 잡았다. 그 손엔 굳은살이 박여 있었지만, 세상 그 어떤 담요보다 포근했다. 그날 밤, 영우는 그 품속에서 평생 잊지 못할 겨울을 맞았다.

에필로그: 사랑이 이어지는 시간

봄, 여름, 가을, 겨울.
계절이 바뀔 때마다 영우의 마음도 조금씩 자라났다.

이듬해 도시로 돌아가던 날, 그는 할머니 앞에서 울음을 삼켰다.

"할머니, 내년에 또 올게요."
"그래, 언제든 와라. 우리 영우."

버스 창문 밖으로 작아져 가는 할머니의 모습이 눈에 아른거렸다.

그때 영우는 알았다. 사랑은 함께 걷는 길 위에서 자라난다는 것을. 그리고 그 길은 계절이 바뀌어도 사라지지 않는다는 것을.

13.

할머니의 숨결이 머문 거리

종로구 인사동은 내게 단순한 거리가 아니다. 그곳은 오래된 기억의 문턱이자, 내 마음의 고향이다. 좁은 골목마다 스민 세월의 냄새, 빛바랜 간판의 붓결, 그리고 은은히 번지는 먹향이 나를 붙든다. 그 길을 걸을 때면 지금의 내가 아니라, 어린 시절의 내가 걷는 듯하다. 손에 붕어빵을 들고, 할머니의 치맛자락을 꼭 잡았던 그때처럼.

나는 인사동의 미술관을 자주 찾는다. 벽에 걸린 농촌 풍경화 앞에 서면, 늘 할머니의 뒷모습이 그림 속에 서 있다. 모를 심던 허리, 마른 빨래를 걷던 손, 석양에 반짝이던 흰 머리카락. 그 초록빛 논두렁은 내 유년의 기억과 맞닿아 있다.

그 앞에서 나는 조용히 중얼거린다.

"할머니, 이 풍경 속에도 당신이 계시네요."

고가구점의 문을 밀고 들어서면 또 다른 시간이 열린다. 반질반질한 장롱의 나뭇결, 빛을 머금은 놋그릇, 금이 간 찻잔의 자국까지……. 그 모든 것은 할머니의 집에서 매일 마주하던 물건들의 그림자다. 무겁고 투박했던 물건들이 이제는 그리움의 온기로 다가온다. 밤마다 장독대의 항아리를 덮던 손, 부엌 구석에서 불을 지피던 숨소리.

그때 나는 몰랐다. 그것이 얼마나 깊은 사랑의 언어였는지를. 돌이켜 보면 그 손길이 바로 '효'의 다른 이름이었다.

서예전 한편, "孝" 자 하나가 내 발걸음을 붙든다. 첫 획은 단단하고, 마지막 획은 떨리듯 부드럽다. 한 글자 안에 부모의 생애와 자식의 망설임이 함께 담겨 있다. 나는 그 앞에서 한참을 선다. 효란 가르침으로 배우는 것이 아니라, 평생의 삶으로 새겨지는 것임을 이제야 안다.

찻집에 앉아 따뜻한 보리차를 마신다. 창밖으로 오래된 기와지붕이 보이고, 유리창에는 세월이 비친다. 손잡이가 닳은 주전자처럼 사람의 마음도 닳으며 윤이 나는 것일까. 세월의 남긴 온기와 품격의 빛 속에서, 나는 그때의 나로 돌아간다.

할머니가 내게 건네시던 찻잔 하나,

"이젠 네가 나를 챙길 차례야."

그 미소가 찻잔의 김처럼 가슴을 맴돈다.

지금 나는 그 약속을 조금씩 지켜가려 한다. 글을 쓰며 마음을 다듬고, 인사동의 거리를 걷는다. 먹향 스미는 바람 사이로 여전히 할머니의 숨결이 머문다. 먹향처럼 번지는 사랑의 온기 속에서 나는 깨닫는다.

사람이 사람에게 남길 수 있는 가장 따뜻한 향기,
그것이 바로 효(孝)라는 것을.

제3장

세대를 잇는 마음의 등불

I부

이름의 무게와 손의 기억

1.

장손이라는 이름으로

'장손'이라는 이름은 내 삶의 첫 장에 새겨진 이름이었다. 어릴 적 나는 그 이름의 무게를 알지 못했다. 제사상 앞에 무릎을 꿇고, 향을 피우며 절을 올리는 일은 그저 번거롭고 낯선 형식처럼 느껴졌다.

전통이라는 이름 아래 놓인 절차들은 어린 내겐 답답한 격식이었고, 때로는 그 모든 것으로부터 도망치고 싶었다. 하지만 지금은 안다. 그 의례 하나하나에 피와 땀, 눈물로 이어진 조상들의 숨결이 스며 있었다는 것을.

할머니는 말없이 사랑을 건네셨다. 당신 몫의 고기를 내 접시에 옮겨주시던 손, 반찬 수를 줄이면서도 내 입맛 하나만은 챙기던 마음. 말은 없었지만, 그 눈빛에는 세상의 모든 사랑이 담겨 있었다. 그건 내 영혼을 조용히, 그러나 깊게 감싸던 사랑이었다.

그런데 나는 그 사랑의 무게를 견디지 못했다. '효'라는 말의 울타리에서 벗어나고 싶었고, '장손'이라는 이름이 짐처럼 느껴졌다. 세상의 겉모습만 좇으며, 나를 떠받쳐주던 뿌리의 소중함을 외면했다.

시간이 흘러, 할머니는 먼 길을 떠나셨다. 그날 부뚜막 옆에 남아 있던 빈 솥과 작은 잿더미가 당신의 마지막 흔적으로 남아 있었다. 그 앞에서 나는 아무 말도 할 수 없었다.

그때였다.
어디선가 할머니의 목소리가 들려오는 듯했다.

"내 새끼, 이제 알겠지. 그게 다다."

그 한마디 속에는 평생의 사랑과 용서, 그리고 나에 대한 깊은 이해가 고요히 배어 있었다.

그제야 깨달았다. 그 이름은 나를 속박하던 굴레가 아니라, 감사로 이어진 유산이었다는 것을.

이제 나는 장손의 이름으로 '효'를 쓴다. '효'를 가르치고, '효'를 살아간다. 할머니 두 분의 삶과 사랑, 희생과 지혜는 내가 세상에 전해야 할 뿌리다.

나는 그 유산을 다음 세대에게 전하고 싶다. 비록 늦은 깨달음이지만, 이 글이 누군가의 마음에 닿아 진정한 효의 의미를 다시 생각하게 하는 작은 불씨가 되기를 바란다.

그렇게 우리는 서로의 등을 비추는 따뜻한 등불이 될 수 있을 것이다.

2.

거친 손이 밀어 올린 사랑

그땐 겨울이었다. 나는 이유도 모른 채 고향으로 향하고 있었다. 누가 그리운 것도, 만나야 할 약속도 없었다. 그저 찬 바람이 옷깃을 파고들던 그날. 낡은 역 간판과 삐걱거리는 철길, 허름한 골목이 내 발을 이끌었다.

고향은 오래전에 떠난 곳이었다. '다신 돌아오지 않겠다.' 다짐했던 자리였다. 하지만 이상하게도 발걸음은 그쪽으로 향하고 있었다.

어릴 적 나는 할머니 손을 잡고 장에 갔다. 겨울 장터는 늘 붐볐고, 할머니는 서두르셨다. 나는 그 걸음을 따라잡느라 숨을 헐떡이며 손을 꼭 잡곤 했다.

그 손은 늘 거칠고 갈라져 있었다. 장작을 패고, 장독을 여닫고, 빨래를 비비며 생긴 굳은살들. 할머니의 손이 내 손바닥을 쥘 때마다 가시처럼 아린 통증이 느껴졌다.

“할머니, 아파요.”

내 말에 할머니는 세월에 닳아 검게 변색된 치아를 드러내며 웃으셨다.

“그래야 네 손이 따뜻해지는 거지.”

그 말의 뜻을 나는 몰랐다. 추위는 바람 때문이고, 따뜻함은 불 때문이라 여겼던 어린 시절. 할머니의 말은 내게 너무 낯선 은유였다.

그 후로 나는 할머니 손을 피했다. 부드럽고 깨끗한 다른 사람의 손이 더 좋았다. 그래서 할머니의 손은 오랫동안 ‘거칠고 불편한 것’의 상징으로 남았다.

* * *

세월이 흘러 나는 어른이 되었다.

살면서 수많은 손을 잡았다.

사랑의 손, 우정의 손, 동료의 손.

그러나 그 손길은 하나같이 나를 찌르듯 아팠다.

떠나는 연인의 손, 등을 돌린 친구의 손, 믿었다가 밀려난 사회의 손.

그 모든 손길이 내 마음에 상처를 남겼다.

그래서 나는 어느새 손을 내밀지 않게 되었다.

온기 뒤의 차가움을 미리 예감하게 되었기 때문이다.

그러나 삶이라는 가파른 절벽 아래에서 할머니의 거친 손은 나를 떠밀고, 버티게 하고, 다시 일어서게 했다. 그 후로 기회가 있을 때마다 나는 말없이 그 손을 꼭 잡았다. 그 손은 여전히 거칠었지만, 여전히 따뜻했다. 어떤 날엔 눈물이 왈칵 쏟아졌다. 어릴 적엔 피하던 손이 이제는 놓치고 싶지 않은 유일한 손이 되어 있었다.

* * *

나는 누군가의 손을 잡을 때면 자신도 모르게 조금 거칠게, 그러나 단단히 잡게 되었다. 그건 흉내가 아니라 내 안에 새겨진 사랑의 방식이었다.

사랑은 결코 부드럽기만 한 것이 아니었다. 가시로 밀어 올리고, 굳은살로 버티는 힘, 그것이 진짜 사랑이었다.

사람들은 종종 아름다운 사랑만을 기억하려 한다. 그러나 나는 안다. 진짜 사랑은 손바닥이 찢어져도 나를 놓지 않던 그 손이었다는 것을.

그 손이 내게 남긴 마지막 기억은 통증이 아니라 기묘한 따스함이었다. 마치 겨울 끝자락에 찾아온 봄 햇살처럼.

II부

삶을 덥히는 기억의 불씨

3.

무릎과 파리채

한여름 낮잠이 스며들던 오후, 더위는 숨을 죽이고 매미 소리만 들려왔다. 햇살은 먼지를 타고 흩어졌고, 부채질 소리 속에서 나는 소반에 팔을 괴고 꾸벅꾸벅 졸고 있었다.

그때, 부드러운 목소리가 들려왔다.

"여기 누워 봐라, 무릎이라도 베고 자라."

나는 실없이 웃으며 그 무릎 위에 머리를 올렸다. 마르고 작았지만 이상하게 포근했다. 숨소리조차 조심스러웠던 그 자리에서 나는 처음으로 '마음이 놓인다'는 감정을 배웠다.

할머니는 한 손에 낡은 파리채를 들고 있었다. 부챗살이 찢겨 바람 소리도 나지 않는 오래된 파리채였다. 그분은 모기를 잘 잡지 못하셨다. 내 귀 옆을 윙윙 돌던 모기를 한참 쫓다가 놓치시곤 했다.

그럴 때마다 나는 웃었다.

"할머니, 모기 도망갔어요."

그러면 할머니는 미소를 지으며 말씀하셨다.

"쫓기만 하면 됐다. 니 자는데 안 물면 됐다 아이가."

그때는 그냥 농담인 줄 알았다.
하지만 지금은 안다.
그 말엔 인생의 깊은 철학이 숨어 있었다.

사랑은 반드시 잡거나 이기는 일이 아니었다. 그저 다치지 않게, 편히 잠들게, 곁을 조용히 지켜주는 일이었다.

할머니의 손등에는 작은 주름들이 강물처럼 흘렀다. 그 주름마다 닦아낸 눈물과 삼킨 한숨이 묻어 있었다. 그 손에 들린 파리채는 무기가 아니라 누군가를 다치게 하지 않고 지켜주기 위한 도구였다. 그 손끝에서 나는 배웠다. 사랑이란 소리 없이 움직이는 마음이라는 것을.

그 여름, 방 안에는 작은 호롱불 하나가 있었다. 그것은 불빛이라기보다, 할머니의 무릎과 파리채가 지핀 조용한 온기였다. 할머니는 소리보다 먼저 움직였고, 분노보다 먼저 다가오셨다. 파리채가 허공을 가를 때마다, 그 손끝에는 누군가를 지키려는 마음이 실려 있었다.

세월이 흘러, 나는 어느새 할머니의 나이를 넘어섰다. 삶이 버겁게 느껴질 때면 문득 그 여름 오후가 떠오른다. 모기 한 마리, 낡은 파리채, 그리고 앙상한 무릎 하나. 그 단순한 풍경이 내 인생의 가장 따뜻한 장면이 되었다.

이제 나는 누군가에게 그런 무릎과 파리채가 되어주고 싶다. 말 한마디 없이 곁을 지켜주고, 작은 고통 하나라도 막아주며, 그들이 편히 잠들 수 있게 해주는 사람으로 살고 싶다.

어느 날, 병상에 누운 할머니의 머리를 내 무릎 위에 올려드린 적이 있다. 그때 문득 파리 한 마리가 날았다. 나는 본능적으로 손을 들어 쫓았다. 소리는 나지 않았지만, 손끝에서 이상하게 따뜻한 온기가 전해졌다. 그건 분명 할머니의 사랑이 되돌아온 순간이었다.

그제야 알았다.

할머니가 평생 쫓아낸 건, 모기와 파리가 아니라 내 어린 날의 불안과 외로움이었다는 것을.

여름이 오면 나는 창가에 앉아 조용히 부채질을 한다. 세상은 많이 변했지만, 할머니의 무릎과 파리채는 여전히 내 안에 있다. 그건 나를 키운 두 개의 기둥이자, 내 삶의 가장 조용한 기도였다.

바람이 불면 커튼이 살짝 흔들린다.

그때마다 나는 속삭인다.

"할머니, 이제 제가 그 파리채를 듭니다.
당신이 지켜주던 그 마음으로
저도 누군가의 여름을 지켜주겠습니다."

4.

밭에 묻은 사랑

여름이었다.

아직 글씨보다 그림에 더 익숙했던 초등학교 저학년 시절, 세상은 단순하고 또렷했다. 할머니 집 앞의 밭은 끝없이 출렁이는 녹색 바다였다. 햇볕은 뜨겁게 내리쬐었지만 그 속에서 자라는 것들은 오히려 빛을 받아 반짝이며 숨을 쉬었다.

수박 넝쿨은 바닥을 기어 나가며 밭을 뒤덮었고, 그 사이로 커다란 수박들이 동그란 어깨를 드러냈다. 초록빛 껍질 위로 번들거리는 줄무늬는 어린 내 눈에는 신비로운 보물 상자 같았다.

할머니는 밭일을 하고 계셨다. 굽은 허리, 햇볕에 검게 그을린 얼굴, 손에는 낡은 호미 하나. 잡초를 뽑고 넝쿨을 정리하면서도 할머니는 한쪽 눈길로 늘 수박을 살폈다. 나는 그 옆에 쭈 그리고 앉아 숨을 헐떡이며 땀을 훔쳤다. 금세 지쳤다. 밭일은 도무지 재미가 없었다. 그래서 나는 넝쿨 사이를 헤집으며 가장 큰 수박을 찾곤 했다.

"그 수박은 손대면 안 된다. 손님 것이다."

할머니의 목소리는 낮았지만 단호했다. 나는 멈칫하며 그 커다란 수박을 바라보았다. 할머니는 그것을 조심스레 들어 올리더니 밭 한쪽 고랑을 깊이 파서 그 안에 묻었다.

그리고 흙을 덮으며 나지막이 말씀하셨다.

"서울서 손님 온다 해서… 주려고……."

나는 눈을 크게 떴다.

"그것을 왜 땅에 묻어요? 썩잖아요."

할머니는 잠시 웃으며 내 머리를 쓰다듬었다.

"묻어놔야 더 시원하고, 더 달지."

그 말에는 마음 한편에 설명하지 않은 오래된 그리움이 있었다. 하지만 나는 그 뜻을 알아채지 못했다.

며칠이 흘렀다. 마을 일이 겹치고 집안일이 밀리면서 할머니는 수박을 묻은 일을 잊으셨다. 정작 기다리던 손님도 오지 않았다. 태양은 연일 무자비하게 땅을 달궜고, 묻힌 수박은 흙 속에서 천천히 부풀다 썩어갔다.

어느 날 오후, 나는 혼자 밭을 거닐다 시큼하면서도 달큰한 냄새를 맡았다. 호미로 고랑을 파자 흙 속에서 썩은 수박이 드러났다. 껍질은 갈라져 있고, 속살은 이미 흘러내려 있었다. 벌레들이 분주히 그 주위를 돌고 있었다. 달콤했던 즙은 진즉 흙 속으로 스며들었을 것이다.

나는 놀라서 소리쳤다.

"할머니!"

할머니가 달려오셨다. 할머니는 썩은 수박을 보시고 한참 말이 없으셨다. 그리고 아주 낮게 중얼거리셨다.

“아이고… 깜빡 잊었네…….”

짧은 한마디였지만 그 속에는 탄식과 미안함이 섞여 있었다. 마치 오랜 기다림을 놓쳐버린 사람의 목소리였다.

그날 밤 나는 마당에 혼자 앉아 있었다. 풀벌레 소리가 어둠을 가득 메웠지만 내 귀에는 썩은 수박 냄새와 할머니의 목소리만 맴돌았다. 그때는 몰랐다. 하지만 지금은 안다.

그 밭에 묻힌 것은 단지 수박이 아니었다는 것을. 그것은 기다림이었다. 누군가를 위한 마음, 말없는 사랑이었다. 할머니는 늘 가장 좋은 것을 남겨두셨다. 당신의 몫은 없었다. 자식의 몫, 손주의 몫, 혹은 언젠가 올 손님을 위한 몫만 있었다. 그 사랑은 조용해서 어린 나는 알아듣지 못했다.

세월이 흘러, 나는 이제 노년의 삶을 살고 있다. 도시의 마트에서 수박을 사 들고 돌아오던 길, 그 여름의 밭이 문득 마음에 스며들었다.

식탁에 둘러앉은 손자가 달콤한 수박을 베어 물며 웃을 때면, 그 웃음 속에서 나는 할머니의 여름을 다시 마주한다. 뜨거운 햇빛 아래 허리를 굽히던 그 뒷모습, 잘 익은 수박 앞에서 말없이 바라보던 그 눈빛까지 함께 떠오른다.

나는 손자에게 말한다.

"덕훈아, 이 수박은 그냥 과일이 아니란다.
누군가 흙을 만지고, 햇볕을 견디며 길러낸 사랑이란다."

손자가 웃으며 씨를 뱉는 모습을 보며, 언젠가 손자도 이 마음을 알게 되리라 생각한다. 그리고 나는 조용히 속으로 기도한다.

'할머니, 그 수박은 썩은 것이 아니었어요. 그건 사랑이었어요. 시간이 흘러도 썩지 않는 마음이었어요.'

이제 나는 그 사랑을 이어가려 한다. 흙 묻은 손으로, 구부러진 허리로, 말없이 익어가는 마음으로.

내 할머니가 그러셨듯이.

5.

손톱이 닳도록 건넨 사랑

겨울 아침, 시골 부엌은 언제나 뿌연 연기로 가득했다. 아궁이 앞에는 굽은 허리를 한 할머니가 있었다. 연기에 젖은 나무 냄새, 된장국의 구수한 향기……. 그 모든 것이 어린 나에게는 세상에서 가장 따뜻한 안식처였다.

그날도 할머니는 굵은 무를 썰고 계셨다. 도마 위에서 무가 부딪히는 둔탁한 소리가 부엌 가득 울렸다. 나는 그 손을 가만히 바라보다가 문득 물었다.

"할머니, 왜 손톱이 이렇게 닳았어요?"

할머니는 미소를 지었다.

"손을 많이 쓰면 이렇게 되는 거야."

아무렇지 않게 건넨 그 말. 그때는 몰랐다. 그 짧은 대답 안에 얼마나 오랜 세월과 고된 삶이 숨겨져 있었는지를.

새벽마다 할머니는 우물가로 나가셨다. 얼음장 같은 물로 손을 씻고 그 손으로 도시락을 싸셨다. 도시락에는 흰쌀밥이 담겼다. 하지만 정작 할머니는 보리밥으로 끼니를 때우셨다.

낮에는 헛간에서 마른 곡식을 고르시고, 해가 기울면 아랫목에 앉아 콩을 한 알씩 손질하시고, 밤이 깊어지면 할머니는 등잔불 아래에서 짚을 꼬아 새끼줄을 만드셨다. 그 손은 단 하루도 쉬지 않았다. 나는 몰랐다. 왜 늘 나만 좋은 밥을 먹는지, 왜 할머니 손이 그렇게 거칠어져 가는지를. 그저 그 손이 늘 곁에 있다는 사실만을 당연하게 여겼다.

세월이 흘러 어느 날, 나는 셋방 한편에 마련된 할머니의 빈소 앞에 서 있었다. 누운 할머니의 얼굴은 세상 근심을 다 내려놓은 듯 고요했다. 마지막으로 마주한 그 손은 거칠고 단단했지만, 굴곡마다 한생을 건너온 사랑이 조용히 배어 있었다.

나는 속으로 중얼거렸다.

"어린 시절, 단 한 번이라도 그 손을 꼭 잡아드렸다면…."

그 후회가 가슴을 오래, 오래 파고들었다.

몇 해 뒤 어느 날, 나는 거울 앞에서 내 손을 바라보다가 문득 숨이 멎었다. 손끝이 닳아 있었고, 손마디는 굳어 있었다. 손등에는 작은 상처가 나 있었다. 그 손은 너무도 익숙한 모습이었다.

"이건… 할머니의 손이잖아."

나는 잠시 아무 말도 못했다.

가슴 깊은 곳에서 울음 같은 떨림이 올라왔다.

"할머니, 이제야 알겠어요.
그 손이 얼마나 아팠는지, 그리고 얼마나 따뜻했는지."

그날 이후 나는 다짐했다. 누군가에게 그런 손이 되어주겠다고. 밥을 지어주고, 열이 날 때는 이마를 짚어주고, 넘어졌을 때는 등을 토닥여주는 손. 손톱이 닳아 없어질 때까지 아낌없이 건네는 손.

밤마다 나는 두 손을 모아 기도했다.

"할머니, 다시 그 손을 잡게 해주세요.
그 손이 제 인생의 봄이었어요."

그러면 이상하게도 내 손바닥이 천천히 따뜻해졌다.
마치 할머니가 여전히 곁에 서서 조용히 나의 삶을 감싸 안아주는 듯했다.

Ⅲ부

조용한 용서, 따뜻한 자리

6.

잊지 못할 사랑

- 3개의 단상 -

말없이 남긴 가장 큰 가르침

할머니가 떠나신 뒤, 우리 집 부엌은 낯설 만큼 고요해졌다. 국 끓는 소리도, 밥 짓는 냄새도, '밥 먹자' 하고 부르시던 그 따뜻한 목소리도 더 이상 들리지 않았다. 그 고요함이 처음엔 낯설었지만, 시간이 지날수록 그 조용함이 오히려 더 많은 이야기를 들려주었다. 텅 빈 식탁이 예전보다 훨씬 더 큰 목소리로 말을 걸어왔다.

'그때 왜 그것을 몰랐을까.'

자주 투정하던 된장국, 아무 생각 없이 뒤로 밀던 반찬 하나. 그 모든 것이 당신의 정성이었음을 나는 너무 늦게 깨달았다.

사랑은 말로 하는 것이 아니라 매일의 손길로 쌓아 올리는 것임을 이제야 안다.

그 손길은 지금도 식탁 모서리에, 행주 끝자락에, 창문 틈새 햇살 속에 남아 있다. 세상은 학교보다 훨씬 많은 것을 가르친다. 그리고 가장 큰 스승은 때로는 떠난 뒤에야 진짜 수업을 시작하신다.

할머니는 지금도 내 마음의 스승이다. 말없이 모든 것을 보여주신, 사랑의 교과서였다.

그리움에도 순서가 있다

사람은 누구나 그리움을 품고 산다. 하지만 나는 오랫동안 착각하고 있었다. 누가 더 가까웠는지를 따져 누구를 먼저 그리워해야 한다고 믿었던 것이다.

어릴 적 나를 품에 안고 키워주신 분은 할머니였다. 새벽마다 해가 뜨기도 전에 작은 몸으로 아궁이에 불을 지피시던 모습. 그 손은 언제나 거칠고 따뜻했다. 나는 그분을 '진짜 엄마'라 여겼다.

할머니가 떠나시던 날, 서른을 갓 넘긴 나는 어찌할 바를 몰라 울음을 터뜨렸다. 그러나 그 울음은 슬픔이라기보다, 마음 한가운데가 텅 비어버린 공허함에 더 가까웠다.

그날 이후 모든 장면에 할머니가 겹쳐 보였다. 혼자 밥을 먹을 때, 길을 걷다 할머니와 닮은 뒷모습을 볼 때, 저녁노을이 질 때마다. 무심코 전화기를 들었다가 이미 없는 번호를 누르려 할 때면 깨달았다. 그리고 그때 비로소 알았다.

그리움은 먼저 떠난 사람을 향하는 것이 아니라, 더 많은 시간을 함께했고, 더 많은 말을 나누었고, 더 많이 사랑했기에 더 많이 후회하게 되는 사람에게 머무는 것이었다. 그래서 더 늦게 떠난 사람이 더 오래, 더 깊이 그리운 법이다.

나의 하루가 할머니에게

문득 돌아보면 나의 하루에는 할머니가 옆에 없던 순간이 없다. 할머니는 늘 나의 옆을 지키고 있던 것이다. 일어나자마자 마시는 따뜻한 물, 출근길의 찬바람 속 목도리의 감촉에도 할머니의 손길이 스며 있다.

때로는 성가시게만 들렸던 "밥은 먹었나?"라는 짧은 걱정이 이제는 그리워 눈물이 되는 나이. 지친 하루 끝, 침대에 누우면 어디선가 들려오는 듯하는 할머니의 목소리.

"잘 자라, 내 새끼……."

그분은 이미 떠나셨지만 나는 여전히 그 사랑 속에서 살아간다. 나는 그 사랑 속에서 하루를 살고, 그 하루 속에서 다시 그분을 만난다.

그래서 나는 내일도 오늘처럼 그 마음을 놓치지 않으려 한다. 그리움은 지나간 것이 아니라 살아 있는 이들의 마음속에서 계속 이어지는 또 하나의 숨결임을 알게 되었기 때문이다.

7.

어머니를 향한 늦은 이해

가을비가 조용히 내리던 날이었다. 나는 어머니 제사를 지내기 위해 오랜만에 고향집을 찾았다. 길가의 벼는 이미 고개를 떨구었고, 젖은 흙냄새가 코끝을 스쳤다. 수십 년 전 초등학교 가던 길에서 신발에 묻었던 바로 그 냄새였다.

차에서 내리자 빗줄기가 우산 끝을 두드렸다. 하늘은 잿빛이었지만 이상하게도 따뜻했다. 그 속에는 누군가의 숨결 같은 것이 섞여 있었다. 몇 해 동안 비워진 집은 손길을 잃고 있었다. 잡초는 무릎을 넘었고, 담장은 한쪽으로 기울어 있었다. 대문을 여니 삐걱거리는 소리가 났다. 그 소리는 오래된 기억의 문을 여는 소리 같았다.

집 안은 낡았지만 여전히 익숙했다.
부엌 창가에 놓인 국그릇, 시든 화분, 벽에 걸린 낡은 손수건.

그 모든 것 사이로 들려오는 듯한 목소리…….

"물 조심해라, 감기 들지 마라…."

어릴 적 어디를 가든 등 뒤에서 들리던 그 음성이었다. 나는 반사적으로 뒤를 돌아보았다. 아무도 없었다. 하지만 빗소리 속에 그 말씀이 또렷하게 살아 있었다.

* * *

나는 방 한가운데 앉아 유품을 정리했다. 책상 위에는 오래된 달력이 멈춰 있었고, 벽에는 빛바랜 가족사진이 걸려 있었다. 사진 속 엄마는 젊었고, 그 옆에서 할머니는 눈을 가늘게 뜨며 웃고 계셨다.

서랍을 하나씩 열었다. 반쯤 깎인 연필, 낡은 실타래, 오래된 장부들. 마지막 서랍 깊은 곳에서 낡은 가방 하나가 손에 닿았다. 그 안에는 누렇게 바랜 편지봉투 하나가 들어 있었다.

조심스레 펼치자 희미한 흘림체가 눈에 들어왔다.

"영기야, 엄마 너무 미워하지 마라. 네 마음, 알고 있다. 네 엄마도 너 때문에 많이 울었다."

숨이 멎는 듯했다. 편지는 할머니의 글씨였다.

* * *

어릴 적 나는 엄마와 자주 부딪혔다. 아버지 없는 집안을 홀로 꾸려가던 엄마는 늘 예민했다.

"숙제는 했니? 왜 이렇게 늦게 들어와? 다른 집 애들은 벌써 예의가 바르다더라."

그 목소리는 언제나 날카로웠다.

나는 이해하지 못했다. 왜 내 엄마는 한 번도 웃어주지 않는 걸까. 그럴 때마다 나를 감싸준 것은 할머니였다.

"이것은 우리 영기가 제일 좋아하는 김치찌개여."
"잘 자라, 내 새끼."

그 손길이 나의 전부였다.

할머니는 나에게 엄마보다 더 다정한 엄마였다.

그래서 더 낯설었다. 그분이 남긴 편지 속에서 엄마의 마음을 변호하듯 쓴 글귀를 마주하니.

* * *

나는 마루에 앉아 다시 읽었다.

"도시로 떠난 너의 엄마는, 어린 너를 늘 그리워하며 하루도 마음에서 놓지 못했단다. 그 사람은 원래 표현이 서툰 사람이란다. 너에게 사랑한다는 말을 못한 것도 허물이 아니라, 마음 깊은 곳의 오래된 아픔 때문이란다."

문장마다 잔잔한 파문이 번졌다. 잊어버렸던 장면들이 천천히 피어올랐다.

비 오는 날, 젖은 옷을 아무 말 없이 말려주시던 엄마. 새 신을 신기며 "발이 많이 컸구나." 하시던 그 짧은 말들. 그것은 잔소리가 아니라, 말로 표현할 줄 몰랐던 사랑이었다.

할머니는 알고 계셨다. 엄마의 고단함도, 내 서운함도. 그래서 그분은 우리 둘 다 다치지 않게 이 편지를 미리 써두셨던 것이다.

나는 편지를 접으며 깊은 숨을 내쉬었다. 빗방울이 지붕을 두드리고, 감나무 잎이 바람에 흔들렸다. 그제야 깨달았다. 이 편지는 엄마에게도, 나에게도 쓴 것이 아니었다.

이것은 사랑에게 쓴 편지였다.

사랑은 말하지 않아도 전해질 때가 있다. 하지만 너무 늦게 깨달으면 그 사랑은 이렇게 종이 위에서만 남는다.

나는 봉투를 다시 접어 서랍 안에 넣었다. 그 위에 손바닥을 가만히 얹었었다. 문장은 더 이상 읽히지 않았지만 그 안의 온기와 용서가 내 가슴 안으로 스며들었다. 밖에서는 여전히 가을비가 내리고 있었다. 나는 눈을 감았다. 빗소리 사이로 두 여인의 목소리가 겹쳐 들렸다.

"감기 들지 마라, 밥 잘 챙겨 먹어라…."

엄마의 목소리였는지, 할머니의 목소리였는지 알 수 없었다. 하지만 분명한 것은 그 두 목소리가 결국 같은 사랑에서 흘러나왔다는 사실이었다.

그제야 나는 미소를 지었다. 비가 멎고 구름 사이로 희미한 햇살이 비쳤다. 그 빛 속에서 편지의 마지막 문장이 다시 떠올랐다.

"영기야, 너무 늦게라도 알았다면 됐다. 그것이 사랑이란다."

Ⅳ부

세대를 건너 흐르는 사랑

8.

하얀 잔 하나

아버지가 세상을 떠난 지 며칠이 지나지 않았을 때였다. 유품을 정리하던 가을 저녁, 찬장 안쪽 먼지를 걷어내자 오래된 흰 사기잔 하나가 조용히 모습을 드러냈다.

흰 사기잔의 표면에는 희미한 얼룩이 배어 있었고, 한쪽 면에는 길게 금이 나 있었다. 금이 난 자국 위에는 누렇게 바랜 종잇조각이 덧대어져 있었다. 가장자리는 말라 굳어 들떠 있었고, 손끝으로 눌러보면 금방이라도 부서질 듯했다.

그 흰 사기잔은 오래된 달빛을 머금은 듯했다. 빛을 받으면 미세한 긁힌 자국들이 반짝이며 마치 세월이 그 안을 천천히 흘러가는 것 같았다. 금이 간 자리는 말라붙은 강줄기처럼 얇게 틈을 내었고, 그 사이로 누렇게 바랜 기억이 고여 있었다. 손끝으로 쓸어보면 유약이 닳은 자리는 미묘하게 거칠고, 그 아래로 스며든 미세한 균열이 잔 전체를 부드럽게 감싸고 있었다.

손끝으로 금을 더듬어 가다 보니, 잔 옆면에 누군가 손으로 적어둔 듯한 흐릿한 문구가 보였다.

“잘 살아라… 서로 아끼면서….”

그 글귀를 바라보는 순간, 아버지의 낮은 목소리가 다시 들려오는 듯했다.

“이 잔은 말이다….”

기억 속 아버지는 웃음을 띠며 그 잔을 쓰다듬으셨다.

“네 할머니가 나에게 남기신 별빛 같은 거야.”

그때 나는 어린 마음으로 웃으며 물었다.

“잔이 뭐 별빛이에요?”

아버지는 대답하지 않고 그저 창밖을 바라보셨다.

이제야 안다. 그 흰 사기잔에 담긴 것은 단순한 물이 아니라 세월 그 자체였다는 것을.

어릴 적 나는 아버지가 그 잔을 얼마나 아끼는지 알고 있었다. 손님이 와도, 명절 같은 특별한 날에도 그 잔만큼은 누구에게도 내어놓지 않으셨다. 아버지에게는 오로지 혼자만의 시간이 담긴 잔이었다.

밤늦게 일을 마치고 돌아온 아버지는 우물에 서늘하게 식혀 둔 막걸리를 꺼내 그 잔에 조심스레 따르시곤 했다. 잔 위로 올라오던 작은 거품, 그 거품이 가라앉는 동안의 짧은 정적마저 아버지의 피곤한 하루를 위로해 주는 듯했다.

나는 어린 마음으로 그 모습을 지켜보며 아버지가 왜 그 잔을 그토록 아꼈는지 또 왜 그 잔을 남에게 내어주지 않았는지 온전히 이해하지 못했다. 그 모습은 어린 내게 알 수 없는 세계였다.

하지만 세월이 지나 내가 노년이 되어서야 그 잔에 아버지의 외로움과 위로, 그리고 하루를 견디게 해준 작은 기쁨이 함께 담겨 있었다는 걸 알게 되었다.

이제야 나는 깨닫는다. 잔에 남은 금은 단순한 흠이 아니었다. 그 금은 굶주린 밤마다 물로 허기를 달래던 할머니의 주름살과도 같은 것이었다. 그리고 그 위에 덧붙여진 누렇게 바랜 종잇조각은 말하지 못한 후회와 지켜내려는 사랑을 감춘 아버지의 마음이었다. 세월은 잔을 깨뜨리지 못했고, 잔은 묵묵히 그 모든 시간을 품고 있었다.

* * *

아버지가 돌아가신 후, 나는 조심스레 그 잔의 누런 종이를 떼어냈다. 종이가 천천히 벗겨질 때마다 얇은 소리가 방 안을 울렸다. 금이 드러나자, 마치 오래 숨겨둔 상처가 마침내 세상에 얼굴을 내미는 듯했다.

그 금을 따라 손끝을 천천히 움직였다. 그 순간 잔 속에서 누군가의 숨결이 되살아나는 것 같았다. 할머니의 거친 숨, 아버지의 깊은 한숨, 그리고 그 숨결을 잇는 나의 손끝, 그리고 세월 속에서 이어진 수많은 이야기들.

그날 밤, 나는 잔을 창가에 두고 맑은 물을 가득 따라 보았다. 달빛이 흰 사기잔의 겉면에 내려앉아 오래된 상처를 어루만지듯 잔 안을 반짝였다. 그 빛 속에서 나는 속삭였다.

“아버지, 이제 알 것 같아요. 이 잔에 담긴 그 별빛이 무엇이었는지.”

아버지는 내게 그 잔의 이야기를 자주 말하셨다.

“이것은 그냥 잔이 아니다. 네 할머니가 이 잔으로 나를 키우셨다.”

그때는 일제 치하의 캄캄한 시절, 입에 풀칠하기조차 힘든 나날이었다. 굶주림이 일상이었고, 할머니는 밥 대신 물 한 잔을 내어주시며 아버지께 조용히 말씀하셨다.

“이 물로 허기를 견뎌라. 언젠가는 네 배도, 네 마음도 따뜻해질 날이 올 거다.”

아버지는 그 말을 평생 잊지 못하셨다. 그래서 잔을 버리지 않으셨다. 누런 종이로 금을 감추고 그 속에 남은 사랑을 지켜

내려 하셨다. 나는 그 마음을 이제야 이해한다. 그 잔은 물을 담았지만, 그분들의 마음은 그 속에 사랑을 담고 있었다.

* * *

몇 해 뒤 여름밤, 나는 그 잔을 들고 집 앞 마당으로 나갔다. 하늘에는 별이 가득했다. 그날따라 유난히 하늘 가득 별이 쏟아지고 있었다.

그 순간, 잔의 금이 은빛으로 반짝이며, 마치 별빛이 잔 속으로 스며드는 듯했다. 나는 천천히 잔을 들어 하늘을 향했다. 그리고 조용히 속삭였다.

"할머니, 아버지… 감사합니다. 이제 이 잔을 제가 지키겠습니다."

별빛이 잔 위로 흘러내렸고, 그 빛 속에서 두 분의 미소가 보이는 듯했다.

하얀 잔 하나. 그 안에는 단순한 물이 아니라 세대를 건너온 사랑의 숨결이 담겨 있었다. 그 잔은 지금 내 책상 한가운데 놓여 있다.

하얀 잔 하나.
그 안에는 단순한 물이 아니라,
세월이, 사랑이,
그리고 이어지는 생(生)의 증언이 고스란히 담겨 있다.

9.

그 아이의 질문

은퇴 후 나는 '효와 행복'을 주제로 전국을 다니며 강연을 했다. 처음에는 몇 사람뿐이던 청중이 어느새 강당이 가득 메울 만큼 늘어났다. 그러나 세월이 흘러도 내 마음에 오래 남은 것은 청중의 숫자가 아니라 한 청년의 말이었다.

그날은 어느 대학의 특강 자리였다. 100명 남짓한 학생들이 강의실을 메웠고, 대부분은 무표정한 얼굴로 휴대폰을 내려다보고 있었다. 나는 익숙한 문장으로 강연을 시작했다.

"효는 행복과 성공의 지름길입니다."

그 순간 앞줄에 앉은 검은 후드티 차림의 청년이 손을 들었다. 머리를 짧게 깎은 얼굴에는 수염이 희미하게 돋았고, 눈빛에는 지워지지 않은 그늘이 어렸다. 그는 잠시 숨을 고르더니

조용히 물었다

“선생님, 그것은 선생님 세대 이야기 아닌가요?”

강의실 공기가 단숨에 달라졌다. 청년은 눈을 내리깔며 말을 이었다.

“저희 부모님은 매일 싸우셨어요. 서로 소리 지르고, 저에게는 무관심했죠. 효라는 말, 솔직히… 저에게는 공허합니다. 부모가 먼저 인간적이어야 효도할 수 있는 것 아닌가요?”

그의 말은 내 오랜 신념을 정면으로 흔드는 질문이었다. 그러나 나는 그 눈빛 속에 담긴 상처를 보고 있었다. 잠시 숨을 고른 뒤 조용히 말했다.

“그래, 네 말이 맞다. 부모에게 받은 상처가 있다면 효는 참으로 어려운 말이지. 하지만 효는 꼭 순종이나 복종이 아니란다. 그저 부모를 ‘이해해 보려는 마음의 시작’일 수도 있단다.”

청년은 아무 말 없이 고개를 숙였다. 그날 강의는 그렇게 끝났다. 며칠 후 학교 측으로부터 연락이 왔다. 그 청년이 상담을

요청해 왔다고 했다. 그의 이름은 민석이었다.

"그날 이후 집에 갔는데 어머니가 설거지를 하다가 손을 베이셨어요. 순간 나도 모르게 '엄마, 괜찮아요?'라고 말했어요. 엄마가 놀란 듯 저를 보더라고요. 어머니를 걱정한 것이 처음이었어요. 어릴 때 이후로."

민석의 눈빛에는 당혹스러움과 어딘가 부끄러운 온기가 함께 비쳤다. 나는 그저 조용히 듣고 있었다.

"그날 이후로 자꾸 생각이 납니다. 어머니가 왜 그렇게 살았는지, 아버지와 왜 멀어졌는지. 저는 늘 '받지 못했다'고만 생각했는데, 어머니도 어쩌면… 누구에게도 받지 못한 분이었을지도요."

나는 서랍에서 내가 쓴 책이 들어 있는 봉투를 꺼내 그에게 건넸다.

"이것은 내가 쓴 책이야. 하지만 네가 오늘 한 말이, 그 어떤 문장보다 더 깊은 진리일지도 모르겠구나."

민석은 고개를 숙여 봉투를 받아 들고 떠났다.

* * *

몇 달 뒤, 그에게서 편지 한 통이 도착했다.

"선생님, 어머니와 함께 시장에 다녀왔습니다. 같이 밥도 해 봤습니다. 아직은 어색하지만, 그 순간들이 내 마음 어딘가를 살짝 열었습니다. 어머니도 웃는 법을 조금씩 되찾고 계십니다. 효는 주는 것이 아니라, 서로 나누는 것이었네요."

나는 편지를 접어 창가에 올려두었다. 부드러운 햇살이 봉투 위로 내려앉았다. 그 빛은 오래 묶여 있던 마음의 매듭을 풀어 주는 듯했다. 아마 지금 이 순간에도, 누군가의 겨울은 그렇게 조용히 봄으로 바뀌고 있을 것이다.

10.

밥 한 숟갈의 마음

5월의 하늘은 유난히 맑고 높다. 사람들은 소풍을 나가고, 시장엔 봄나물이 넘쳐 난다. 그런데 나는 그 하늘을 곧게 바라보지 못한다. 하늘이 맑을수록 마음은 더 흐려진다. 오늘은 할머니를 장례를 치른 지 꼭 마흔다섯 해가 되는 날이기 때문이다.

어릴 적 우리 집 밥상은 소박했다. 된장국 한 그릇, 김치 한 접시, 멸치볶음 조금. 그마저도 할머니는 내 밥 위로 반찬을 밀어놓으셨다.

"난 괜찮다. 너 먼저 먹어라."

그 말은 사랑의 다른 이름이었지만, 어린 나는 그걸 진심으로 믿었다. 할머니가 배고프실 거란 생각은 단 한 번도 하지 못했다.

그때는 몰랐다.
그 한 숟갈을 양보하신 분이
그 한 숟갈 때문에 하루를 버티셨다는 걸.

세월이 흐르며 세상은 음식으로 넘쳐 났다. 뷔페 테이블엔 끝도 없이 음식이 쌓이고, 많은 사람들은 결국 먹지 못한 채 절반도 남기곤 한다. 그 잔반 수레 앞에 서면 나는 숨이 막힌다.

한 숟갈로 버텨내신 분께,
정작 나는 한 숟갈도 드리지 못한 사람이구나.

그 죄책감은 음식의 양으로는 헤아릴 수 없다. 남긴 것은 밥 한 공기가 아니라, 한 생애를 남겨두고도 끝내 채워드리지 못한 후회의 무게다.

오늘, 5월 18일. 나는 우리 아파트 2층 뷔페식당 앞에서 걸음을 멈춘다. 유리문 너머, 가족 단위 손님들이 웃고 있다. 손자가 할머니에게 갈비를 덜어주고, 며느리가 시어머님을 위해 국을 떠준다. 그 따뜻한 풍경이 부럽고, 마음 한편에서는 아픔이 스며든다.

나는 문 앞에서 한참 서 있다가 결국 조용히 들어선다. 푸짐하게 담은 접시 하나를 앞에 두고 앉아, 마주할 사람 없이 혼잣말을 건넨다.

"할머니, 이 한 접시 이제야 차렸습니다. 늦었지만 받아주세요."

눈물이 수저보다 먼저 떨어진다.
순간 식당의 모든 웃음소리가 멀어진다.
오직 한 분의 숨결만이 내 앞에 앉아 있는 듯하다.

* * *

마흔다섯 해가 흘렀다. 나는 여전히 그분 앞에 밥 한 그릇을 차려드리지 못한 손자다.

그러나 마음은 자꾸 그 시절로 되돌아간다. 된장국 냄새가 코끝을 스치고, 고무신 소리가 부엌의 흙바닥 위에서 조용히 울린다. 그리고 그 기억들이 내게 속삭이듯 묻는다.

"너는 지금, 누구의 밥상에 사랑을 올리고 있니?"

나는 그 물음 앞에서 고개를 숙인다. 효란 거창한 제사상도, 비싼 선물도 아니다. 그저 누군가의 그릇에 따뜻한 한 숟갈을 얹어주는 일. 그 한 숟갈 속에 마음을 담는 일이다.

이제 나는 매년 이날이면 작은 밥상을 차려놓고 의자 하나를 비워둔다. 그 자리는 할머니의 자리다. 나는 숟가락을 들지 못한 채 눈을 감고 중얼거린다.

"할머니, 그때 못 드린 밥 한 공기, 오늘은 제 마음으로 올립니다."

그러면 바람이 살짝 스쳐간다.
창가의 커튼이 흔들리고, 그 속에서 들려오는 듯하다.

"그래, 됐다. 이제 그만 울어라."

나는 그 목소리에 고개를 떨군다.
마흔다섯 해가 지났지만, 당신은 여전히 내 밥상에 앉아 계신다. 음식은 사라져도 사랑은 남는다.

오늘도 식당 앞을 지날 때면 속으로 기도한다.

"다음 생이 있다면, 그땐 꼭 제가 먼저 밥을 짓겠습니다."

그리고 조용히 다짐한다.
효란 결국, 후회하기 전에 마음을 차려드리는 일임을.

제4장

삶의 완성과 전승

I부

별빛이 이끈 새로운 탄생

1.

할머니의 별, 나의 길

할머니는 평생 단 한 번도 꿈을 말하지 않으셨다. 누군가에게는 의사나 선생님이 꿈이었지만, 그분의 꿈은 언제나 한 가지였다.

“나는 괜찮다. 너만 잘되면 된다.”

그 말이 곧 당신의 인생 전체였다. 새벽마다 밭으로 향하던 가냘픈 등, 비에 젖은 고무신, 굳은살 박인 거친 손. 그 모든 하루가 한 아이의 밥 한 끼를 위한 기도였다.

나는 그때 몰랐다. 그 손톱 밑의 흙이 사랑의 흔적이었음을. 보리밥의 구수함 속에 꿈과 희망이 녹아 있었다는 것을.

시간이 흘러, 도시에서 직장에 다니던 나는 ‘바쁘다’는 이유로 그분의 안부를 늘 다음 주로 미뤘다.

“이번 주말엔 꼭 갈게요.”

그 말이 쌓이고, 기다림이 깊어질 무렵, 당신은 말없이 세상을 떠나셨다.

장례가 끝난 뒤, 찬장 위에서 작은 쪽지를 발견했다.

“오늘도 잘 버텨줘서 고맙다.”

그 한 줄이 내 마음을 무너뜨렸다. 당신은 꿈을 꾸지 않은 게 아니라, 꿈을 말할 틈이 없었던 사람이었다.

* * *

어느 봄날, 나는 고향집 마당 끝에서 울었다. 비에 젖은 흙 사이로 새싹이 돋고 있었다. 그 아래엔 당신이 묻어둔 미완의 꿈이 숨 쉬는 듯했다. 바람에 흩날리던 손수건 한 장이 내 발치에 떨어졌다. 그 속엔 꺼내지 못한 희망이 젖어 있었다.

세월이 흘러 나는 도시의 불빛 속에서 살아간다. 사람들이 부러워하는 일을 하지만, 밤늦은 식탁 앞에 앉을 때면 문득 당신의 밥상이 그립다. 그때의 보리밥, 된장국, 따끈한 달걀찜 한 그릇. 세상 그 어떤 만찬보다 따뜻한 밥상이었다.

할머니의 인생은 마른 들판 같았다. 비 한 방울 내리지 않아도, 그 안엔 나를 위한 오아시스가 있었다. 그 물이 눈물이었다는 걸, 이제야 안다.

* * *

며칠 전 고향집 창고를 정리하다 손때 묻은 수첩 하나를 발견했다. 그 안에는 짧은 메모들이 빼곡히 적혀 있었다.

"첫 울음. 밤새 부채질."
"입학날. 대견."
"집 떠난 날. 문 닫히자 울음 터짐."

그리고 마지막 장엔 이렇게 적혀 있었다.

"영기가 잘 자라면, 나도 조금은 꿈을 꾼 셈이다."

그 문장을 읽는 순간, 나는 무릎을 꿇었다. 그 수첩 한 권이 내 모든 교과서보다 깊은 가르침이었다. 당신의 삶이 내 안에서 여전히 숨 쉬고 있음을 느꼈다.

* * *

사람들은 말한다.

꿈 없이 산 인생은 불행하다고.

하지만 나는 안다.

할머니는 나를 위해 자신의 꿈을 내려놓고,

언제나 내 꿈을 먼저 생각해 주셨다는 것을.

그래서 나는 지금, 비로소 내 꿈을 말할 수 있다.

그래서 나는 다짐한다.

당신이 피우지 못한 소망, 그 씨앗을 내 안에서 다시 피워내겠다고.

당신이 묻어둔 별 하나, 이제 내가 대신 밝히겠다고.

밤하늘의 별을 보면, 나는 한 점의 빛을 오래 바라본다.

그 별엔 이름이 없다. 그러나 그 빛은 내 인생의 길을 비춘다. 그건 당신이 남기고 간 별, 내 마음속에서 꺼지지 않는 불빛이다.

“할머니,
다음 생엔 당신 몫의 꿈부터 꾸세요.
그땐 제가 당신의 오아시스가 되겠습니다.”

2.

장애를 통해 깨달은 효도

내 나이 78살!

지나온 인생의 여정을 돌아보면 수많은 변화와 우여곡절의 길을 걸어왔다. 젊은 시절의 나는 성공이란 돈과 지위에 있다고 믿으며 뒤도 돌아보지 않고 쉼 없이 달려갔다. 그러던 어느 날, 인생의 방향이 완전히 바뀌는 사건을 맞이했다.

23년 전 그날, 꿈속에서 할머니를 만났다. 어릴 적 나를 품에 안아주시고 다정한 눈빛으로 바라보시던 할머니. 그러나 이번에는 흰옷 차림으로 내 손을 잡으시더니 슬픔과 걱정이 서린 표정으로 나를 바라보며 무언가 말씀하시려는 듯했다.

"얘야, 몸이 아프면 빨리 병원에 가야지…."

그러곤 창문 밖으로 천천히 사라지셨다.

꿈에서 깨어난 나는 가슴이 이상하게 먹먹했다. 오랜 세월 바쁘다는 이유로 할머니를 잊고 살아왔다는 사실이 가시처럼 가슴을 후벼 팠다. 할머니의 말씀대로 나는 다음 날 병원을 찾았다. 그곳에서 나는 방광암 진단을 받았다.

나는 방광암 수술을 받고 요루장애 4급 판정을 받았다. 건강했던 내 몸이 달라졌고, 일상이 송두리째 바뀌었다. 그러나 무엇보다도 나를 변화시킨 것은 '삶의 본질'에 대한 깨달음이었다.

나는 삶의 가치를 다시 정리하기 시작했다. 할머니의 은혜를 항상 기억하기 위해 할머니의 이름을 따서 '일효(一孝)'라는 호를 지었다. "효가 첫째요, 첫째가 효"라는 뜻으로, '일효'는 나의 새로운 이름이자, 다시 태어난 삶의 기준이었다. 그리고 남은 내 삶을 효도로 채워가겠다고 다짐했다.

그날 이후 때때로 잠에서 깨어 창문을 열곤 한다. 차가운 바람 속에서 별을 바라보면 언제나 할머니의 숨결이 느껴진다. 때로는 새벽 전철 소리에 잠에서 깨어 창문을 연다. 어릴 적 할머니께서 기차역에 마중 나와 손자를 기다리셨던 모습이 떠오른다. 그리움과 후회가 밀려올 때마다 나는 한 줄 한 줄 글을 써 내려갔다.

처음에는 단순한 반성의 기록이었다. 그러나 점점 나의 이야기가 다른 이들에게도 울림을 줄 수 있음을 깨달았다. 효를 주제로 한 글을 모아 책을 냈고, 어느덧 일곱 권의 시와 수필집이 세상에 나왔다. 2025년 초, 효 분야에서 처음으로 『효와 관련된 격언속담·고사성어·명언명구』라는 연구 중심의 저서를 펴냈다.

또한 효 강연을 하며 곳곳을 돌다 보니, 참 다양한 이들을 만나게 되었다. 저마다의 사연을 지닌 이들은 내 이야기를 듣고 가족의 소중함을 다시금 느끼며 오늘의 자신을 있게 한 부모님을 떠올리며 눈물을 훔쳤다. 한 청년은 내게 다가와 말했다.

"선생님 덕분에 오랜만에 어머니께 전화했습니다. 너무 늦지 않게 효를 실천하고 싶어요."

그 말을 듣는 순간 할머니께서 내게 맡기신 사명이 무엇인지 비로소 깨달았다. 효가 단순한 전통이 아니라 우리 모두의 삶을 더욱 풍요롭게 하는 가치임을 알리는 것이 내 역할이라는 것을…….

* * *

지난해 나는 국회에서 효 봉사대상과 성균관장상을 받았다. 그러나 그것보다 더 값진 것은 누군가 내 글을 읽고 부모님께 따뜻한 한마디를 건네는 변화였다.

이제 나는 다시금 다짐한다. 앞으로도 글을 쓰고 강연을 하며 효의 가치를 수많은 사람에게 전하리라고…….

"당신의 삶을 있게 한 분께 오늘은 어떤 감사를 전하셨나요?"

이 질문이 누군가의 마음을 두드리고 효의 씨앗이 되어 자라나기를 바란다.

그리고 마지막으로 이 글을 나의 사랑하는 할머니께 바친다.

할머니!
부족했던 손자를 용서해 주세요. 비록 생전에 충분한 효도를 하지 못했지만 지금이라도 이렇게 제 마음을 전할 수 있어 행복합니다. 할머니께서 제게 주신 사랑, 이제 세상에 돌려드리겠습니다.

감사합니다, 할머니!

II부

밥상에 피어난 사랑

3.

손에서 전해진 밥상

겨울밤, 바람이 유난히 매서웠다. 부엌 창문은 오래된 나무틀 속에서 덜컹거리며 떨고 있었다. 바람이 불 때마다 창호지가 파르르 흔들렸고, 그 소리는 마치 오래된 기억이 바람결에 흩날리는 듯했다.

나는 찬장을 열어 양은 냄비 하나를 꺼냈다. 수십 년을 함께해 온, 반들거림이 벗겨진 낡은 냄비였다. 손잡이에 묻은 기름때, 긁힌 흔적들……. 그 세월의 자국이 손끝에 닿자 이상하게 따뜻한 기운이 전해졌다. 그리고 그 온기는 나를 순식간에 어린 시절의 한밤중으로 데려갔다.

"할머니, 배고파요."

그 말은 내 어린 시절 가장 자주 하던 주문이었다. 할머니는 그 소리를 들을 때마다, 한숨도 못 잔 몸을 일으켜 화롯불 앞에 앉으셨다. 이불 속에서 그 모습을 바라보던 나는 그때의 할머니가 얼마나 피곤하셨는지를 몰랐다. 그저 밥 냄새가 나면 세상이 다 따뜻해지는 줄만 알았다.

놋그릇에 담긴 찬밥을 퍼서 냄비에 넣고, 참기름 한 바퀴, 달걀 한 알을 깨 넣으시던 그 손길. 간장은 언제나 꼭 세 번, 깨소금은 마지막에 눈송이처럼 흩뿌려졌다. 숟가락이 냄비 벽을 부드럽게 긁을 때마다 세상에서 가장 따뜻한 음악이 울려 퍼졌다.

그때 나는 몰랐다. 그 한 숟가락이 할머니의 잠 한 시간을 대신한 사랑이었음을. 그 한 그릇이 당신의 하루를 녹여낸 헌신이었음을.

* * *

세월이 흘러 칠십 여년. 나는 어느새 할머니보다 더 많은 나이를 살아오게 되었고, 아들은 다른 도시에서 바쁘게 산다. 식탁 앞에 혼자 앉아 있으면 집 안의 공기마저 낯설다.

그러다 오늘, 찬장 구석에서 그 양은 냄비를 발견했다. 빛은 바랬지만 손에 쥐자마자 가슴이 쿵 하고 뛰었다. 나는 밥 한 공기를 데워 그 안에 넣었다. 달걀을 깨고, 간장을 세 번, 깨소금을 솔솔. 손끝이 떨렸다. 숟가락을 돌리자 달걀노른자가 퍼지며 방 안에 참기름 냄새가 번졌다.

첫입을 넣는 순간 눈물이 터져 나왔다. 맛 때문이 아니었다. 그 밥은 한순간에 나를 어린 시절로 데려갔다. 할머니의 주름진 손, 따뜻한 숨결, 밤마다 내 곁을 지켜주던 그 사랑이 되살아났다.

라디오에서는 오래된 노래가 흘렀다.

"불러 봐도 울어 봐도 못 오실 어머님은……."

나는 무심코 '어머님'을 '할머님'으로 바꿔 불렀다. 그러자 노래가 내 이야기로 바뀌어 들려왔다.

며칠 뒤 손녀가 놀러 왔다. 작은 발소리가 마루를 채우자 텅 빈 집이 갑자기 웃음으로 환해졌다.

"할아버지, 뭐 해요?"
"할아버지가 어릴 적 제일 좋아했던 밥, 먹어볼래? 할아버지의 할머니가 자주 해주셨던 밥이야."
"응! 해주세요!"

나는 다시 양은 냄비를 꺼냈다. 참기름을 붓고, 달걀을 깨고, 간장을 세 번 넣으며 웃었다. 이번에는 눈물 대신 웃음이 섞인 밥이었다.

손녀는 한입 먹더니 눈을 반짝였다.

"와, 왠지 그리운 느낌이 들어요!"

그 말에 가슴이 먹먹해졌다. 그 한마디는 마치 오래된 사랑이 다시 내 곁을 안아주는 듯했다.

그날 이후 손녀는 올 때마다 말했다.

"할아버지, 우리 할머니의 밥 해요!"

우리 둘의 약속처럼 냄비는 자주 식탁 위에 올랐다.

* * *

어느 날 손녀가 작은 공책을 내밀었다.

제목에는 "할머니의 밥상에서 시작된 사랑 이야기"라 적혀 있었다. 그 밑에는 작게 이런 글귀로 시작하고 있었다.

"할머니 손맛을 찾아서……."

나는 그 문장을 보고 아무 말도 할 수 없었다. 손녀의 글씨는 서툴렀지만 마음은 단단했다. 그 속에는 세대를 이어 흐르는 사랑이 이미 자라나고 있었다.

여름이 오자 손녀와 함께 시장에 갔다. 참기름 가게 앞에서 나는 발을 멈췄다. 그곳은 예전에 나의 할머니가 생전에 자주 들르시던 곳이었다. 고소한 향기가 코끝을 스쳤다.

"여기 참기름이 좋아요?"

손녀가 묻자 나는 천천히 웃으며 대답했다.

"응, 여기는 오래전부터 좋아."

손녀는 반짝이는 눈으로 말했다.

“나중에 책 쓸 거예요. 제목은 ‘할머니의 밥상에서 시작된 사랑 이야기’.”

그 말을 듣는 순간 가슴이 서늘하면서도 따뜻해졌다. 내가 다 쓰지 못했던 이야기를 이 아이가 이어 쓸 것 같았다.

며칠 뒤, 손녀는 혼자서 밥을 지었다. 작은 손으로 달걀을 깨고, 간장을 세 번, 깨소금을 뿌렸다.

“할아버지, 이번에는 제가 해드릴게요.”

나는 조심스레 한입을 떴다. 그 순간 다시 나의 할머니의 얼굴이 떠올랐다. 그 맛 속에는 사랑의 순환이 있었다. 기다림이 있었고, 추억이 있었고, 그리고 새로운 시작이 있었다.

“이제 네가 우리 집 손맛의 주인이다.”

그 말에 손녀는 환하게 웃으며 대답했다.

“그럼 제가 할머니의 손맛을 이어받은 거네요!”

그 말이 내 마음을 울렸다. 세월이 이렇게 흘러도 사랑은 모양을 바꾸어 손에서 손으로, 마음에서 마음으로 이어지고 있었다.

* * *

그날 밤 나는 손녀의 공책 마지막 장을 펼쳐보았다.

“밥은 그냥 밥이 아니다. 그 안에는 사랑이 있고, 추억이 있고, 기다림이 있다. 그리고 나는 그것을 할아버지에게서 배웠다.”

나는 노트를 덮고 창밖을 바라보았다.

가을바람이 부엌 창을 스치며 지나갔다. 그 바람 속에는 오래전 할머니의 숨결과 지금 손녀의 웃음이 함께 머물러 있었다.

나는 조용히 중얼거렸다.

“이제 그 사랑은 끊어지지 않겠구나.”

냄비 속에서 익어가던 참기름 냄새가 세대를 넘어 퍼져나가는 듯했다. 그것은 단순한 한 끼의 냄새가 아니었다. 삶의 유산, 사랑의 언어, 그리고 세상을 잇는 따뜻한 약속이었다.

4.

그날의 고기 한 점

설날이면 나의 마음 한쪽이 늘 저릿하게 아려왔다. 식탁 위에서 피어오르는 갈비찜 냄새가 코끝을 스칠 때 나는 웃지 못했다. 대신 입술을 꼭 다물었다.

가족들이 떠들썩하게 수저를 들 때마다 나의 눈앞에는 늘 오래전 그 한 접시가 떠올랐다. 식어버린 고기 한 점이 덩그러니 남아 있던 그날의 부엌이.

설날의 소란

어린 시절 시골 마을의 설날은 아침부터 들썩였다. 소고기를 삶는 냄새가 골목마다 번졌고, 장작불 위 솥에서는 김이 모락모락 피어올랐다.

할머니는 낡은 헝겊 앞치마를 두르고, 손등의 주름이 서로 얽힐 만큼, 무와 당근을 묵묵히 썰고 계셨다. 부엌에는 나물 향과 전 부치는 냄새, 어렵사리 마련한 고기 굽는 냄새가 뒤섞여 있었다.

나는 방구석에서 동화책을 펼쳤다. 명절의 소란이 싫었다. 웃음소리, 술잔 부딪히는 소리, 아이들 울음소리까지도.

그때 할머니가 부르셨다.

"영기야, 와서 밥 먹자."

나는 책장을 넘기며 퉁명스럽게 말했다.

"나중에 먹을게요."

할머니는 말없이 고개를 끄덕였다. 그러고는 젓가락으로 고기 한 점을 작은 접시에 덜어두셨다. 그 동작을 본 사람은 아무도 없었다. 그러나 그 한 점에는 기다림이, 그리고 사랑이 담겨 있었다.

접시에 남은 것

밤이 깊었다. 모두 잠든 뒤 나는 허기를 느껴 부엌으로 갔다. 등잔불 아래, 식탁 위에는 작은 접시 하나가 덩그러니 남아 있었다. 차갑게 식은 고기 한 점. 그 위에 엎힌 기름막이 미세하게 반짝였다.

나는 아무 생각 없이 젓가락으로 집어 들었다. 입속에 넣는 순간 기름 냄새와 단맛이 섞였다. 그때는 몰랐다. 그것이 단순한 음식이 아니라 '먹지 않고 남겨둔 사랑'이었다는 것을.

병실의 시간

세월이 흐르고, 할머니는 암 진단을 받으셨다.

하얀 병실과 소독약 냄새, 그리고 희미하게 울리는 심장 모니터의 규칙적인 소리가 침묵 속 공기를 가득 채우고 있었다.

의사가 말했다.

"기름진 음식은 절대 안 됩니다. 고기는 특히 안 됩니다."

나는 그 말을 들으며 머릿속으로 그날의 고기 한 점을 떠올렸다. 목구멍이 저릿했다.

마지막 봄, 할머니는 눈꺼풀을 힘겹게 들어 올리며 속삭이셨다.

"영기야… 설날 고기… 맛있게 먹었지?"

그 말이 마지막이었다.

그분은 끝내 고기 한 점조차 삼키지 못한 채 눈을 감으셨다. 손자의 입속을 채워주기 위해, 자신의 허기를 조용히 참으신 채로.

세월의 그림자

장례가 끝난 뒤 오랫동안 나는 고기 냄새를 견디지 못했다. 불판 위에서 지글거리는 소리, 국물 위로 떠오르는 기름막만 봐도 그날의 부엌, 그 차가운 접시가 떠올랐다.

시간은 흘러 나도 이제 할아버지가 되었다. 명절마다 나는 일부러 고기반찬을 정성껏 만들었다. 손자가 좋아할까 봐서가 아니었다. 그날 할머니의 마음을 기억하고 싶어서였다.

"덕훈아, 이 고기는 그냥 고기가 아니란다."

손자가 젓가락을 들 때마다 나는 조용히 덧붙였다.

"누군가 너를 사랑했기 때문에 먹지 않고 남겨둔 고기야."

손자는 그 말을 이해하지 못했지만 언젠가는 알게 되리라 믿었다. 그날의 고기 한 점이 사람의 마음에 얼마나 오래 남는지를.

고백

밤이 되면 나는 혼잣말처럼 기도했다.

"할머니… 그 고기, 이제야 진짜 맛을 알아요. 그것은 희생이었고, 사랑이었어요."

식탁 위에서 손자에게 따뜻한 고기를 나누어줄 때마다 나는 할머니의 손길을 느꼈다.

그날의 고기 한 점은 단순한 음식이 아니었다. 그것은 끝내 삼키지 못한 사랑의 언어였고, 되씹을수록 더 깊어지는 후회의 맛이었다.

이제 그 고기는 세대를 잇는 효의 향기로 내 식탁에 오른다. 말없이 건네진 사랑, 그 사랑이 다시 한 세대를 품어 안는 순간, 나도 모르게 입가에 고요한 미소가 번져 간다.

III부

사랑은 세대를 이어 흐른다

5.

정원수 아래의 약속

봄 초입, 나는 오래된 고향집 마당에 들어섰다. 도시의 회색빛 속에서만 살던 내가, 어머니의 치매 초기 진단 소식을 듣고 서둘러 돌아온 날이었다.

마당에는 여전히 오래된 정원수들이 서 있었다. 거칠게 벗겨진 껍질 사이로 연둣빛 새순이 돋고 있었다. 그 나무들을 바라보던 나는 묘하게 낯익은 느낌에 사로잡혔다.

'언젠가 이 자리에서 누군가를 기다렸던 적이 있었던가.'

집 안으로 들어서자 어머니가 창가에 앉아 계셨다.
희미한 눈빛으로 마당을 바라보시며 말씀하셨다.

"정원수들이 참 푸르네……. 저것 다 네 할머니가 심은 거지."

그 말에 나는 가슴이 저려왔다. 할머니, 된장 냄새가 밴 손으로 나의 머리를 쓰다듬어 주던 그분. 이미 오래전에 세상을 떠나셨지만, 그 향기는 여전히 집 안 구석구석에 남아 있었다.

며칠 뒤, 나는 창고에서 낡은 나무 상자를 발견했다. 그 안에는 빛바랜 노트와 삐뚤빼뚤한 글씨로 적힌 글 한 편이 들어 있었다.

"지금 알고 있는 걸 그때도 알았더라면, 덜 초조했을 것이다. 그리고 조금은 더 웃으며 살았을 것이다."

그 아래에는 작게 이렇게 적혀 있었다.

"영기야, 네가 어른이 되면 알게 될 거야. 할머니는 늘 네 곁에 있었다는 것을. 이 편지를 읽을 때는 너도 누군가의 품이 되어 있겠지."

나는 노트를 품에 안고 그 자리에 주저앉았다. 눈물이 봄비처럼 쏟아졌다. 창밖의 정원수는 어린 새싹을 밀어 올리고 있었다. 마치 나를 말없이 지켜봐 주시던 할머니처럼 따스함이 느껴졌다.

그날 밤, 나는 노트북을 켜고 편지를 썼다.

“그때는 몰랐어요. 된장국의 온기, 손등 주름의 기도……. 이제야 알았어요. 늦었지만 남은 날은 당신을 닮은 하루로 살겠습니다.”

나는 그 편지를 인쇄해 정원수 아래 돌단에 묻으며 다짐했다.

“그때도 알았더라면……. 지금은 알기에 실천합니다.”

* * *

며칠 뒤 여동생 영희가 고향집에 들렀다. 부엌에는 여전히 된장 냄새가 배어 있었다. 그 냄새를 맡으며 영희는 조용히 물었다.

“엄마, 왜 그때 그렇게 바빴어요?”

어릴 적 그녀는 늘 투정을 부렸었다.

“맨날 된장국만 끓이고, 밥상에도 안 앉잖아요.”

그때는 몰랐다. 어머니의 새벽은 늘 '우리의 아침'을 준비하는 시간이었다는 것을.

세월이 흘러 영희는 아이 둘의 엄마가 되었다. 매일 아침 자신도 된장국을 끓였다. 그러던 어느 날 김치냉장고를 정리하다 어머니의 메모를 발견했다.

"된장국은 아침 햇살 같아야 한다. 짜지 않게, 너무 뜨겁지 않게. 속이 편안해지는 맛이면 돼."

그 문장을 읽는 순간 영희는 손으로 얼굴을 감쌌다. 눈물이 손바닥을 타고 흘렀다. 된장은 해마다 달랐다. 봄엔 풋내가 조금 섞였고, 여름엔 짠맛이 돌았으며, 가을엔 구수함이 깊어졌다. 어머니는 늘 그 맛의 변화를 사람의 마음에 빗대곤 하셨다.

"사람도 된장처럼 오래 두어야 맛이 나는 법이지."

영희는 자신의 아이들에게 말했다.

"이건 그냥 국이 아니야. 할머니의 사랑이 밥상 위로 김이 되어 올라오는 거야."

* * *

시간은 흘러, 나의 아들 호성이 자라났다.
말이 적고 방에만 있는 아들을 보며 나는 답답했다.

"공부는 좀 하냐?"
"몰라요."

대화는 늘 그 두 마디로 끝났다.

그러던 어느 날, 나는 우연히 호성의 SNS를 보았다. 흐릿한 영상 속, 정원수 앞에 앉아 글을 쓰는 나의 뒷모습이 있었다. 자막이 떴다.

"나무는 제자리를 떠나지 않는다. 그 자리에 있으니 나중에는 보인다. 우리 아빠처럼."

나는 휴대폰을 들고 한참을 움직이지 못했다. 아들은 말이 없었지만 마음은 이미 닮아가고 있었다.

며칠 뒤, 출근길 식탁 위에 도시락이 놓여 있었다.

"이것이 뭐냐?"
"밖에서 사 먹는 것보다 집밥이 좋잖아요."

나는 대답하지 못했다. 창밖에서는 바람이 불고, 정원수 잎을 흔들고 있었다. 그 바람 속에서 나는 깨달았다. 사랑이란 거창한 말이 아니라, 조용히 스며드는 바람 같은 것임을.

* * *

퇴직을 맞은 어느 봄날, 나는 다시 정원수 아래에 앉았다. 연둣빛 잎사귀가 바람에 흔들리고 있었다.

나는 조용히 속삭였다.

"이제 나도 누군가에게 봄이 되어야겠다."

나는 편지를 썼다.

"된장국의 온기, 발뒤꿈치의 굳은살… 그것이 사랑이었어요. 늦었지만 남은 날들은 그렇게 살겠습니다. 당신을 닮은 하루로요."

나는 그 편지를 돌단 아래 묻으며 새겼다.

"그때도 알았더라면……. 지금은 알기에 실천합니다."

이후 나는 도시락 배달 봉사, 손편지 나눔, 고독사 예방 전화를 시작했다. 호성은 나를 보며 말했다.

"아빠, 잘 어울려요."

그 짧은 말이 긴 응원이 되었다.

어느 날 손녀 민지가 놀러 와서 밥상 앞에 앉았다. 나는 된장국을 끓여 내며 국그릇 옆에 쪽지를 올려두었다.

"너도 언젠가 알게 될 거야. 밥상 위 국물 하나에 담긴 사랑을."

민지는 그것을 사진으로 찍어 SNS에 올렸다. 게시글에는 이렇게 적혀 있었다.

"우리 할아버지의 국물은 봄보다 먼저 따뜻하다."

그 순간 나는 알았다.

사랑은 세대에서 세대로, 말보다 밥상에서, 국물에서, 바람에서 전해진다는 것을. 그 마음은 장독대의 된장처럼 시간이 지날수록 더 진해지고 깊어졌다.

정원수 잎새 사이로 부는 바람은 오래전 할머니의 손길 같았다. 나는 눈을 감고 조용히 속삭였다.

"할머니, 이제야 알았습니다.

남겨주신 그 사랑을, 제 삶으로 살아내겠습니다."

6.

실버영화관에서

봄 햇살이 부드럽게 내리던 오후, 초청을 받아 종로구 낙원동에 있는 어르신 전용극장인 실버 영화관을 찾았다. 입구 앞에는 긴 줄이 늘어서 있었다. 그들의 머리에는 하얀 세월이 내려앉아 있었고, 손에는 작은 초대권이 꼭 쥐어져 있었다.

"오늘은 무료 상영입니다."

직원의 목소리가 울릴 때마다 그 얼굴들에는 묘한 빛이 스쳤다. 기대와 쓸쓸함이 뒤섞인 빛이었다. 나는 그 눈빛 속에서 오랜 세월의 고단함과, 작은 기쁨 하나에도 감사하려는 마음을 보았다.

이곳에서는 2천 원이면 영화를 볼 수 있다지만, 그마저도 아끼기 위해 먼 길을 찾아온 분들이 많았다. 삶의 무게가 어깨에 내려앉아 있는 이들이 잠시나마 그 짐을 내려놓기 위해 모여든 자리였다.

영화가 시작되기 전 문득 떠오른 사람이 있었다. 바로 내 할머니였다. 당신의 젊은 시절에는 영화관이 있었을까. 아니, 있었다 해도 자식과 손주를 위해 평생을 바치신 당신에게 영화 한 편을 볼 여유가 있었을까.

그 긴 세월 동안 당신의 인생에는 '무료 상영'이라는 말이 없었다. 당신의 하루하루는 모두 대가 없는 헌신이었다. 지금의 노인들이 그때보다 훨씬 풍요로운 세상에 살고 있음에도 이토록 쓸쓸한 표정으로 영화를 기다리는 이유가 무엇일까. 나는 대답할 수 없었다.

로비를 둘러보니 젊은 얼굴은 거의 보이지 않았다. 무료로 모실 수 있다는데도 노인들 대부분이 혼자였다. 어른을 모시는 젊은 세대의 부재가 빈 의자보다 더 크게 느껴졌다.

나는 생각했다.

어른을 동반한 젊은이에게 작은 혜택이라도 주는 제도가 생기면 어떨까. 직장 취업이나 대출, 분양의 한 구석이라도. 그런 마음이 닿는다면 우리 사회는 조금 더 따뜻해지지 않을까. 효란 법이 아니라 문화가 되어야 한다는 생각이 들었다.

그때 거동이 불편한 할머니 한 분이 내 옆자리에 앉으셨다. "혼자 오셨어요?"하고 여쭈니 잠시 머뭇거리던 할머니가 미소를 지었다.

"같이 가자 했는데, 다들 바쁘대요."

짧은 대답이었다. 그 말속에는 수많은 사연이 숨어 있었다. 누군가와 함께 보고 싶었지만, 끝내 혼자 올 수밖에 없었던 하루의 쓸쓸함. 나는 아무 말도 할 수 없었다.

잠시 후 불이 꺼지고 스크린에 영상이 떠올랐다. 영화의 제목은 「이승만, 시대의 길 위에서」였지만 내 마음속 화면에는 오히려 내 할머니의 얼굴이 떠올랐다.

영화가 끝난 뒤 나는 자리에 앉은 채로 한동안 일어나지 못했다. 스크린은 꺼졌지만 내 안에서는 다른 영화가 재생되고 있었다. 그 영화 속에서 할머니는 늘 그렇듯 부엌 한 구석에서 된장국을 끓이고 계셨다. 나를 위해 밥을 짓고, 늘 "밥은 먹었나?"하며 미소 짓던 그 얼굴. 이제는 그분의 삶이 내 안에서 상영되고 있었다.

효는 거창한 일이 아니다. 비싼 선물도, 화려한 잔치도 아니다. 그저 시간을 내어 함께 걷고, 같은 화면을 바라보며 웃어주는 일. 그 짧은 한 시간이 어떤 이에게는 평생의 위로가 될 수 있다.

영화관을 나서니 햇살이 문득 따뜻했다. 뒤를 돌아보니 홀로 걸어가던 할머니 한 분의 뒷모습이 눈에 들어왔다. 그 모습이 내 어린 시절의 할머니와 겹쳐 보였다.

나는 그날 이후, 누군가의 외로움에 자리를 내어주는 일을 '효의 시작'이라 부르게 되었다.

7.
5분간의 특별한 만남

그리움은 언제나 마음 한쪽에서 늘 조용히 살아 있다. 할머니를 떠올릴 때면 언제나 먼저 떠오르는 것은 된장국의 향과 손끝의 온기다. 살아 계셨을 때는 너무도 익숙해서 몰랐던 것들이, 이제는 세상에서 가장 그리운 풍경이 되었다.

"한 번만 다시 뵐 수 있다면……."

그 바람이 오래 쌓이다 못해 어느 날 꿈결로 피어났다.

* * *

맑은 하늘, 바람마저 따뜻한 날이었다. 나는 어린 시절의 마당 어귀에 서 있었다. 그때, 햇살을 등지고 다가오는 한복 차림의 할머니가 보였다. 희끗한 머리칼, 주름진 미소……. 그 모습은 세월의 강을 건너온 듯, 내 기억 속 그대로였다.

나는 울먹이며 그 품에 안겼다.

"할머니, 정말 보고 싶었어요."

그분은 두 손으로 내 손을 감싸며 말씀하셨다.

"얘야, 나도 보고 싶었다. 이렇게 잘 자라줘서 고맙구나."

그 목소리는 봄 햇살처럼 내 마음을 덮었다.
나는 그동안 쌓아둔 말을 한꺼번에 쏟아냈다.

"할머니, 제가 이렇게 클 수 있었던 것은 다 할머니의 사랑 덕분이에요."

그러자 할머니는 조용히 내 얼굴을 쓰다듬으셨다.

"몸은 괜찮니? 힘들지는 않니?"

그 물음에 나는 겨우 대답했다.

"네, 잘 지내고 있어요."

그 대답에 할머니는 고개를 끄덕이며 미소 지으셨다.

"너는 언제나 내 자랑이란다. 사람은 가진 것보다, 나눈 사랑만큼 따뜻해지는 법이야. 그 마음을 잃지 말아라."

그 말이 내 가슴속에 천천히 스며들었다. 그러나 시간이 너무 짧았다. 꿈속에서도 '이별의 시계'는 멈추지 않았다.

떠나시기 전, 할머니는 마지막으로 말씀하셨다.

"영기야, 세상에서 가장 중요한 것은 사랑과 가족이란다. 가족을 아끼고, 사랑을 표현하며 살아라. 그리고 그 사랑을 이웃에게도 나누거라. 나는 언제나 네 곁에서 지켜보고 있을 것이다."

그 말씀을 남기시고, 할머니의 모습은 빛처럼 멀어졌다. 나는 그 자리에 한동안 서 있었다. 눈을 떴을 때, 방 안은 고요했고 시계는 새벽 네 시를 가리키고 있었다. 꿈에서의 그 5분이 현실의 시간보다 훨씬 길고 깊게 느껴졌다.

* * *

그날 이후 나는 하루를 시작하기 전에 늘 이렇게 중얼거린다.

“오늘 나는 누구에게 따뜻함을 건넬 수 있을까.”

할머니의 목소리는 더 이상 들리지 않지만, 그분의 가르침은 여전히 내 마음속에서 살아 있다. 사랑은 멀리 있는 것이 아니다. 누군가의 마음을 기억해 주는 그 짧은 순간, 그때 사랑은 다시 피어난다는 것을 이제야 알았다.

그 꿈은 단지 5분의 만남이었지만, 그 5분이 내 인생의 방향을 바꿔 놓았다.

Ⅳ부

삶을 완성하는 효의 길

8.

나의 하루가 어머니에게

서랍을 정리하다가 할머니의 낡은 수첩을 다시 꺼냈다. 처음 이 수첩을 발견했을 때의 감정이 다시 밀려온다. 그때의 기억이 지금 내 눈앞에서 생생하게 펼쳐진다.

* * *

할머니의 유품을 정리하던 중, 한 수첩을 발견했다. 표지가 닳아 있었고, 그 안에는 한 문장이 적혀 있었다.

"오늘도 우리 영기 밥 잘 먹었는지 모르겠다."

그 한 줄이 내 가슴을 찌르듯 내려앉았다. 나는 또다시 같은 실수를 반복할 뻔했다. 살아계신 어머니께, 나는 또 '바쁘다'는 이유로 그 안부를 미루고 있었다.

그날 이후, 나는 하루 중 15분을 어머니께 드리기로 했다. 아침마다 "어머니, 잘 주무셨어요?"하고 문자 한 통을 보내고, 저녁이면 "오늘은 잘 지내셨어요?"하고 안부를 여쭈었다. 일주일에 한 번은 집 앞 마당을 함께 걸으며 이야기를 나누고, 한 달에 한 번은 손 편지와 좋아하시던 음식을 들고 찾아갔다.

그때 깨달았다. 효란 크고 거창한 것이 아니라는 걸.
그저 지금 곁에 있어주는 일이 가장 큰 효도라는 걸.

어느 날, 어머니의 건강검진을 위해 병원에 함께 갔다. 대기실 맞은편에는 한 노부부와 그들의 아들이 앉아 있었다. 아들이 노모의 손을 꼭 잡고 있었다.

그 모습을 바라보다가 눈물이 불쑥 흘렀다. 예전에는 그런 장면이 왠지 부담스러워 보였는데, 시간이 흐르니 그 무엇보다 아름답고 부러워졌다.

그 순간, 오래전 할머니의 손 냄새가 스쳤다.
나는 마음속으로 말했다.

"할머니, 이제는 놓지 않겠습니다."

그리고 할머니의 손 대신, 어머니의 손을 잡기로 했다.

집으로 돌아온 나는, 책상에 작은 쪽지를 하나 붙였다.

"오늘, 어머니께 무엇을 드릴 것인가."

나는 매일 아침 그 문장을 바라보며 하루를 열었다. 말 한마디, 전화 한 통, 짧은 미소 하나, 함께 걷기, 손 편지, 따뜻한 밥상…. 그중 무엇이든 오늘의 일부를 어머니께 드리는 일.

누군가 내게 물었다.

"그렇게 한다고 뭐가 달라지나요?"

나는 조용히 대답했다.

"지금이라도 달라지면, 그것으로 충분합니다."

* * *

비록 지금은 어머니가 곁에 계시지 않지만, 그때 사랑을 아낌없이 표현해 어머니를 기쁘게 해 드릴 수 있었음에 감사하다. 지금도 어머니와의 추억은 생생하게 남아 있다.

할머니, 감사합니다.

9.

나를 행복하게 하는 것들

우리는 종종 행복을 멀리서 찾으려 한다. 화려한 여행지, 값비싼 물건, 높은 자리를 향해 달리며, 그 어딘가에 진짜 행복이 있을 거라 믿는다. 그러나 세월의 풍파를 건너며 나는 깨달았다. 행복은 그렇게 멀리 있지 않다는 것을. 그것은 언제나 내 곁에, 아주 작고 조용한 순간 속에 숨어 있었다.

* * *

어릴 적, 할머니는 늘 내 머리를 쓰다듬으며 말씀하셨다.

"행복은 밖에 있는 게 아니라, 네 마음속에 있는 거란다."

그때는 그 말이 어려웠다. 장난감을 얻거나 사탕을 먹을 때가 행복이라 여겼다. 하지만 인생의 굴곡을 지나며 비로소 알았다. 그 말씀이 내 삶을 지탱해 준 가장 깊은 진리였음을.

지치고 마음이 어지러울 때마다. 나는 산책길을 걷는다. 바람에 흔들리는 나뭇잎, 전깃줄 위 참새들의 노래, 구름 사이로 새어 나오는 햇살. 그 평범한 풍경이 내 마음을 다독인다.

한여름 저녁, 별빛 아래 평상에 둘러앉아 삶아 주시던 햇감자와 옥수수의 향기가 아직도 내 기억 속에 남아 있다. 그때의 따뜻한 공기, 할머니의 미소……. 그것이 내가 가장 먼저 배운 행복의 모양이었다.

* * *

내가 사는 아파트 옆 시장은 오늘도 활기로 넘친다. 우렁찬 목소리로 생선을 파는 상인, 손주 이야기에 연신 웃음을 터뜨리는 할머니, 새벽부터 깎은 과일에서 풍겨 나오는 달콤한 향기까지……. 그 소란스러움 속에서 나는 이상하게도 가장 깊은 평화를 느낀다.

장바구니를 힘겹게 끌던 어느 노인의 손을 대신 들어드리면, 그 짧은 순간이 내 하루의 빛이 된다. 그건 거창한 봉사가 아니라, '함께 있음'의 기쁨이다.

외로움이 밀려올 때면, 따뜻한 커피 한 잔을 앞에 두고 친구와 이야기를 나눈다. 서로의 근황을 묻고, 시 한 구절을 소리 내어 읽는다. 그 순간 마음의 온도가 서서히 오른다.

특히 할머니의 사랑을 노래한 시를 읽을 때면, 내 안의 빈자리가 포근히 메워진다. 사람과 사람 사이의 대화, 그 안에서 피어나는 이해와 공감……. 그것이야말로 내가 느끼는 또 다른 행복이다.

무엇보다 나를 행복하게 하는 것은, 힘들 때 떠올릴 얼굴이 있다는 것이다. 멀리 있어도, 이 세상에 계시지 않아도, 그 존재만으로 마음이 따뜻해진다.

내게 그분은 늘 할머니였다.
보이지 않아도 느껴지는 사랑, 그 믿음이 내 삶의 근심을 이겨내는 힘이 되었다.

* * *

이제 나는 안다. 행복은 멀리 있는 무언가가 아니라, 오늘을 감사히 바라보는 눈에서 시작된다는 것을.

소중한 사람과의 짧은 인사,
하루의 햇살,
따뜻한 말 한마디,
그 모든 순간이 모여 '행복'이라는 꽃을 피운다.

할머니의 말씀이 다시 들리는 듯하다.

"얘야, 행복은 네 마음이 느끼는 만큼 자라는 거란다."

그 말을 가슴에 새기며, 나는 오늘도 내 안의 조용한 행복을 세어 본다. 바람, 웃음, 사랑……. 그 모든 것이 나를 여전히 살아 있게 하는 것들이다.

10.

인연, 그 영원한 별

인생을 돌아보면 참 많은 얼굴이 스쳐 갔다.

어느 날의 악수, 어느 밤의 대화. 그중 몇몇은 지금도 마음의 앨범 속에 선명히 남아 있고, 어떤 인연은 이름조차 희미해졌다. 살아온 세월이 길어질수록 만남과 이별이 모두 '운명처럼 정해진 일'이었음을 실감한다.

젊은 시절의 나는 세상을 넓히고 싶었다. 말과 문화가 다른 사람들을 만나 대화하고, 새로운 사상과 관점을 배우는 일이 내게는 삶의 기쁨이었다. 직장에서 국제 업무를 맡아 수십 개 나라를 오갔고, 회의장과 공항이 자연스레 내 일상이 되었다.

그중에서도 사할린의 한인 1세들을 모국으로 모셔오는 일은 지금도 내 마음속 가장 빛나는 인연으로 남아 있다. 그분들이 조국의 땅을 밟으며 흘리던 눈물 앞에서 나는 처음으로 깨달았다. '인연'이란 국적이나 언어를 초월한 사랑이라는 것을.

세월이 흘러 은퇴한 지금은, 나를 찾아오는 이보다 내가 떠나보낸 이가 더 많아졌다. 전화번호는 남아 있지만, 이제는 그리울 뿐. 통화할 수 없는 사람들이 늘어났다.

이제야 알겠다.

인연은 내가 붙잡는 것이 아니라, 하늘이 허락한 때에 찾아오고, 때가 되면 조용히 떠나는 것임을.

* * *

내가 살아온 수많은 인연 중에서도 가장 깊고 오래 남은 이는 단연 할머니였다. 돌이켜 보면 그분과의 만남이야말로 내 인생의 첫 번째 인연이자, 마지막 인연이었다.

나는 할머니의 삶을 다 알지 못했다. 그저 언제나 곁에 있는 '따뜻한 존재'로만 여겼다. 그러나 세월이 지나 알게 되었다. 그분의 생이 단단한 고난의 역사였음을. 일제강점기와 6.25 전쟁 속에서도 아들과 며느리, 손주들을 위해 묵묵히 버텨오신 분. 자신의 이름보다 가족의 이름을 먼저 부르던 분이었다.

돌아보면 가장 마음을 아리게 하는 것은, 할머니의 꿈이 무엇이었는지 단 한 번도 물어보지 못했다는 사실이다. 나는 그저 사랑받기에만 바빴고, 그 사랑의 깊이를 다 알기도 전에 어른이 되고 말았다.

그래서일까.
캄캄한 밤하늘을 마주하면 나도 모르게 묻게 된다.

"할머니… 제 꿈을 들을 기회가 있었다면,
당신은 뭐라고 웃으며 말씀해 주셨을까요?"

창문 밖으로 수많은 별이 떠 있다. 그중에서도 유난히 반짝이는 별 하나, 나는 그것을 '할머니 별'이라 부른다. 그 별은 언제나 나의 불안한 마음을 다독이듯 창가를 비춘다. 힘들고 지칠 때마다 나는 그 별을 찾는다. 별빛은 말이 없지만, 그 침묵이 내게는 가장 따뜻한 위로가 된다.

나는 믿는다.
그 별은 멀리 있는 것이 아니라 내 마음속에 머무는 인연의 빛이라고. 그리고 언젠가 나 또한 그 별 곁에서 조용히 반짝이며, 내 자손의 창문을 비추게 되리라.

그것이 세대를 잇는 사랑의 순환이며,
하늘이 내려준 영원한 인연일 것이다.

11.

효에서 피어나는 행복

- HYO-HERE MODEL을 중심으로 -

누구나 행복을 원한다.
그렇다면 행복은 어디에 있을까?
돈일까, 명예일까, 직업일까, 성공일까?
아니면, 지금 이 순간 내 마음속에 있을까?

나는 인생의 후반부에 이르러서야 비로소 깨닫기 시작했다. 행복은 멀리 있는 것이 아니라, 지금 내가 하고 있는 일을 즐길 수 있는 마음에서 비롯된다는 것을.

대단한 직업이 아니라도 좋다. 남들이 부러워하는 성공이 아니어도 괜찮다. 오늘 하루를 진심으로 내 일을 즐기며 보내고, 내 곁에 있는 사람들과 좋은 관계를 맺으며 살아간다면, 그것이 바로 행복이다.

행복은 순간의 감정이 아니라, 습관이고 태도이며 관계의 다른 이름이다.

관계는 타인과의 관계만을 말하지 않는다. 무엇보다 중요한 것은 나 자신과의 관계, 그리고 내가 만나는 모든 사람과 사물과의 조화로운 연결이다. 그 관계의 중심에는 언제나 '효(孝)'의 마음이 있다.

'효'는 단지 부모를 공경하는 예절에 그치지 않는다. 사람을 존중하고, 배려하고, 이해하려는 힘이다. 그 힘이야말로 인간다움을 이루는 근본이다.

나는 이 삶의 원리를 'HYO-HERE 모델'이라 이름 붙였다.

HYO: Humanity between/of Young and Old
HERE: Happiness, Enjoyment, Relationship, Etiquette & Education

즉, 행복(Happiness)하려면 즐거움(Enjoyment)이 필요하고, 즐거움을 위해선 좋은 관계(Relationship)가 바탕이 되어야 한다. 그 관계를 오래 지켜 가려면 예의(Etiquette)와 배움(Education)이 뒷받침되어야 한다.

그리고 이 모든 것을 하나로 묶는 뿌리가 '효(HYO)', 즉 인도(人道)의 정신이다. 그것은 세대를 잇는 다리이며, 인간의 품격을 세우는 기둥이다.

'효'는 가족 간의 사랑에서 시작된다. 그러나 거기서 멈추지 않는다. 이웃으로, 사회로, 나아가 인류 전체로 확장된다. 그 사랑은 배려가 되고, 배려는 공감이 되며, 공감은 결국 평화로 이어진다.

넬슨 만델라는 말했다.

"착한 머리와 착한 가슴은 언제나 함께한다."

그리고 진정한 승리는 사랑과 인도로 이루어진다고 했다.

우리가 '효'를 지금(NOW), 여기(HERE)에서 실천한다면 가정은 따뜻해지고, 사회는 곧게 서며, 삶은 더 깊고 충만해질 것이다.

나는 믿는다. '효'는 옛 도덕이 아니라 지금 우리의 삶을 행복하게 만드는 가장 살아 있는 언어라고. 그리고 그 언어를 실천하며 사는 사람은 결국 행복하고, 진정으로 성공한 사람이 될 수밖에 없다고.

부록

효 리더십

- 사랑으로 이끄는 힘 -

차례

가. 서론

오늘날 한국 사회는 저출산, 고령화, 핵가족화 등으로 인해 인간 존엄성이 위협받고 공동체가 붕괴되는 심각한 문제에 직면해 있다. 그중에서도 가장 중요한 가정 공동체의 해체는 우리 사회의 근간을 흔들고 있다. 이러한 위기를 극복하기 위한 해답은 무엇일까?

우리는 "리더는 많지만 진정한 지도자는 드문 시대"에 살고 있음을 통감한다. 지금은 그 어느 때보다 가정, 조직, 사회, 국가, 나아가 전 세계적으로 인도정신이 충만한 '효 리더십'을 갖춘 지도자가 절실히 필요한 때이다.

정치적 혼란, 사회적 단절, 경제적 양극화, 가정의 해체는 단순히 구조의 문제가 아니라 인간관계의 본질이 무너진 결과이다. 이러한 위기의 시대에, 오랜 세월 한국인의 삶의 지혜로 전승되며 세대를 이어 사회를 지탱해 온 '효(孝)'는 단순한 윤리적 미덕을 넘어, 인간관계 회복의 열쇠이자 새로운 시대를 이끌 리더십의 대안으로 재조명되어야 한다.

본고는 '효(HYO) = Humanity between/of Young and Old'라는 개념 아래, 사랑, 봉사, 신뢰를 핵심축으로 하는 효 리더십을 정립하고, 그 실제적 적용 가능성과 교육적 확산 방안을 탐구하고자 한다. 효 리더십은 무너진 공동체를 치유하고, 개인과 사회에 진정한 행복을 선사할 새로운 패러다임이 될 것이다.

나. 본론

1) 리더십의 본질과 변화

현대의 리더십은 더 이상 명령과 지시, 계급적 권위에 의존하지 않는다. 하버드대학(Harvard University)에서 박사학위를 받은 심리학자이자 저널리스트 겸 작가인 다니엘 골먼(Daniel Goleman)이 다음과 같이 강조한 바 있다.

"진정한 리더십은 감성 지능과 관계 기반 영향력에 뿌리를 두고 있다. 오늘날 우리에게 필요한 리더는 군림하는 존재가 아니라, 깊이 공감하고 배려하며 신뢰를 형성하는 사람이다."

이러한 흐름은 서양의 '서번트 리더십(Servant Leadership)'이나 '진정성 리더십(Authentic Leadership)'과도 연결되며, 동양의 고유한 '효 리더십'과 철학적 맥락을 공유한다. 효 리더십은 인간 됨됨이의 본질에서 출발하여, 깨어진 관계를 회복하고 공동체를 치유하는 데 기여한다.

2) 효 리더십의 철학적 기반

효는 단순히 부모에게 잘하는 행위를 넘어, 인간 존재의 뿌리이자 모든 관계의 출발점이며 공동체 윤리의 기초이다.

『논어』에서는 "효제야자 인지본야(孝悌也者 仁之本也)"라 하여, 효와 우애가 곧 인(仁)의 근본임을 강조했다. 효 리더십은 바로 이러한 관계 중심 인격을 기반으로 한다. 이는 서구 리더십이 추구하는 공감, 신뢰, 진정성과도 일맥상통한다.

특히 효 리더십은 세대 간의 연결성을 중요시하고 인도주의(Humanitarianism)를 중심으로 하여, 모든 인간관계의 회복을 궁극적인 목표로 삼는다.

3) 효 리더십의 핵심 가치: 사랑, 봉사, 신뢰

인도주의를 실천하고 구현하기 위해서는 우리 마음속 깊이 사랑(Love)과 봉사(Service), 그리고 신뢰(Trust)의 정신이 뿌리내려야 한다.

사랑은 모든 인간관계의 시작이다. 넓은 의미에서는 예수나 석가모니와 같은 인류의 스승이 보여준 인간과 인류에 대한 관심과 헌신을 의미하며, 좁은 의미에서는 상대를 배려하고, 자신의 행동에 책임지며, 상호 이해를 바탕으로 받기보다 주기를 좋아하는 마음을 뜻한다.

사랑은 감정이 아니라 선택이며, 상대의 고통을 함께 짊어지려는 용기다. 그 마음은 말보다 행동으로 드러나고, 바라기보다 건네는 데서 완성된다.

부모의 사랑은 자녀의 허물을 감싸는 인내로,
스승의 사랑은 제자의 가능성을 믿는 기다림으로,
친구의 사랑은 말없이 곁을 지켜주는 연대로 이어진다.

이렇게 쌓인 사랑은 사회에 따뜻한 온기를 불어넣고, 그 온기가 바로 봉사의 씨앗이 된다. 사랑이 없는 봉사는 의무가 되고, 봉사가 없는 사랑은 머물지 못한다. 두 마음은 함께 있을 때 비로소 완전해진다.

다음으로 봉사 정신을 가지고 있어야 한다. 봉사는 사랑의 또 다른 이름이다. 말로는 봉사하기 쉽지만, 이를 실천하고 행동하는 것은 매우 어렵고 힘든 길이다. 봉사는 상대방보다 높은 위치에서 시혜를 베푸는 것이 아니라, 진정한 사랑을 나누는 행위이다. 남을 위해 행동하고, 서로 동등한 위치에서 상대를 배려하며, 자신의 시간, 노력, 물질 등을 아낌없이 베풀고 즉각적인 보상을 바라지 않는 것이 진정한 봉사의 정신이다.

봉사를 실천하려면 마음속에 '소명감과 헌신성'을 가져야 한다. 슈바이처 박사(Schweitzer, 1875-1965)나 테레사 수녀(Teresa, 1910-1997)는 편안한 자리를 마다하고 자신을 필요로 하는 어렵고 힘든 곳을 찾아가, 소명감과 헌신성을 가지고 평생을 타인을 위해 보상 없이 헌신했다. 이들의 삶은 수많은 사람에게 존경을 받았고, 노벨평화상으로 그 공로를 인정받았다. 효 리더십은 바로 이러한 봉사 정신을 바탕으로 세대를 연결하고, 공동체를 보듬어 평화롭고 아름다운 조직, 사회, 국가를 만들어 나간다.

사랑과 봉사는 서로를 비춘다. 사랑이 깊어질수록 봉사는 자연스럽게 흘러나오고, 봉사를 실천할수록 사랑은 단단해진다. 결국 인간의 품격은 얼마나 많이 사랑했는가, 그리고 그 사랑을 어떻게 봉사로 옮겼는가에 달려 있다.

사랑은 받는 순간보다 주는 과정에서 커지고, 봉사는 남을

돕는 일 같지만 결국 자신을 완성시키는 일이다. 삶이란 그 두 마음이 만나 만들어내는 조용한 기적의 연속이다.

마지막으로, '사랑과 봉사' 정신 외에도 상호 간의 '신뢰'가 있어야 진정한 인도주의 정신이 구현될 수 있다. 신뢰는 구성원들이 서로 믿고 의지하는 상태를 말하며, 가정, 조직, 사회, 국가 발전의 밑바탕이 되는 핵심 요소이다. 오늘날 개인, 가정, 단체, 국가, 나아가 전 세계가 불안정한 주요 원인 중 하나가 바로 구성원 상호 간의 신뢰 부족에 있다.

이러한 사랑과 봉사를 실천하는 인도주의적 리더를 양성하기 위해서는 가정에서부터 신뢰를 키워주는 자녀 교육이 이루어져야 한다. 신뢰는 리더십의 근간이기 때문이다. 신뢰(信賴)의 '신(信)'은 사람 '인(人)'과 말씀 '언(言)'으로 구성되어 있다. 즉, 사람이 한번 한 말은 반드시 지켜야 한다는 의미이다. 신뢰가 쌓이려면 가정에서부터 부부 간, 부모와 자녀 간에 서로 한 말을 지키는 것이 중요하다.

현재 우리가 당면한 가장 심각한 문제인 가정 공동체의 붕괴는 부모가 자식에게 돈만 많이 벌어다 주면 된다고 생각하며 상호 소통과 대화 부족으로 신뢰를 잃어가고 있기 때문이다. 가정뿐 아니라 작은 집단이든 거대한 단체든 구성원 상호 간에 신뢰가 있어야 지속 가능하게 발전할 수 있다. 구성원 간의 신뢰 정도는 조직이나 단체의 응집력을 가늠하고 미래 발전 가능성을 예측하는 중요한 척도가 된다.

사랑(Love), 봉사(Service), 신뢰(Trust) 정신의 영문 첫 글자를 딴 LST는 Landing Ship, Tank(전차와 각종 차량·중장비를 실어 부두가 없는 해안에도 직접 상륙시킬 수 있도록 설계된 상륙함으로, 전시에 가장 위험한 최전선에 접근해 임무를 수행하는 군함)의 약자와 같다. 해병대가 적진 깊숙이 상륙할 때 LST를 이용하듯이, 우리 모두가 어려움을 극복하고 인도주의 정신을 구현하고 실천하기 위한 우리 마음속의 LST(Love, Service, Trust)는 혼란한 시대의 파고를 넘어 인류를 인도주의의 해안으로 이끄는 든든한 상륙함이 될 것이다.

이것이 바로 필자가 주장하는 HYO(Humanity between/of Young and Old)의 정신이자 인도주의 정신이다. 이제 인도주의 정신을 실천한 인물들의 사례를 통해 효 리더십을 살펴보겠다.

4) 효 리더십의 실천 사례

a) 미국 제39대 대통령 지미 카터(Jimmy Carter)

미국의 제39대 대통령 지미 카터(Jimmy Carter, 1924-2024)는 1976년 대통령 당선 당시 "인권정치, 도덕정치"를 표방했지만, 현실 정치의 벽에 부딪혀 4년 후 로널드 레이건(Ronald Reagan, 1911-2004)에게 압도적으로 패배했다.

퇴임 후 그는 고향 조지아주(State of Georgia)에서도 주목받지 못하는 은퇴자 신세였다. 그러나 카터는 이에 좌절하지 않고, 『나이 드는 것의 미덕』이라는 베스트셀러를 집필했으며, 이 책 속에서 "인생은 나이가 먹을수록 축소되는 것이 아니라 점점 확대되는 것이며, 후회가 꿈을 덮는 순간부터 늙기 시작한다."라고 강조했다.

그는 이 책에서 과거의 후회에 집착하기보다 과거의 잘못을 성찰하고 보람찬 미래를 향해 나아갈 때 진정한 행복과 성공을 이룰 수 있다고 말하고 있다. 그 이후 그는 전직 대통령의 경험을 살려 세계 분쟁 지역에서 중재자 역할을 수행했고, 집 없는 사람들에게 집을 지어주는 '해비타트(Habitat) 운동'을 통해 나눔과 봉사 정신을 실천하여 2002년 노벨평화상을 수상했다.

한반도 핵 위기 시에는 북한의 김일성 주석을 만나 위기 해결에 일조하기도 했다. 이처럼 지미 카터 대통령은 현직 시절보다 퇴임 후 삶을 통해 진정한 리더십, 즉 직위라는 이름의 권위를 넘어선 지속적인 봉사와 겸손, 인간에 대한 존중이 바로 효 리더십임을 증명했다.

b) 로널드 레이건, 부인과 자녀부터 감동시켜

제40대 미국 대통령 로널드 레이건(Ronald Reagan, 1911-2004)은 1980년대 미국 경제를 부흥시키고 추락했던 미국의 위상을 세계의 지도적 국가로 다시 세운 인기 있는 대통령이었다.

그는 명문대 출신이 아닌 일리노이주(State of Illinois)의 작은 유레카대학(Eureka College)을 졸업 후 지역 방송국에서 일했고, 할리우드에서 B급 영화의 주연이나, 조연급으로 활발히 활동했다. 당시 일류 배우였던 낸시(Nancy) 여사가 학벌과 집안이 좋지 않은 이혼남인 레이건과 결혼할 때 많은 이들이 동정했지만, 레이건은 가장 가까운 사람인 낸시 여사와 가족의 마음을 움직일 줄 아는 소통과 배려의 힘을 가지고 있었다.

이처럼 가족의 신뢰를 바탕으로 다져진 레이건의 소통 능력은 국민의 마음을 하나로 결집하는 거대한 원동력이 되었다. 그는 이 통합의 에너지를 바탕으로 지역, 계층, 종교, 당파를 초월한 대화합을 일구어냈으며, 마침내 미국을 다시 세계의 선도 국가로 우뚝 세웠다.

레이건의 리더십은 가장 가까운 부인과 자녀부터 감동시킨 소통과 감동의 리더십이었으며, 이것이 국민을 감동시켰고 오늘날까지 그가 존경받는 이유이다. 이는 효 리더십이 가정 안의 작은 관계에서 출발해 어떻게 국가라는 거대한 공동체를 치유하고 확산될 수 있는지를 보여주는 분명한 증거다.

c) 켄터키 프라이드치킨(KFC) 창업자
- 커널 샌더스(Colonel Sanders)

켄터키 프라이드치킨(KFC)의 창업자 커널 샌더스(Colonel Sanders, 1890-1980)는 65세가 되던 해, 운영하던 작은 식당이 실패하면서 매월 105달러 남짓한 사회보장 연금에 의존

해 살아야 할 만큼 힘든 시기를 겪었다.

그러나 그는 주저앉지 않았다. 오래도록 다듬어 온 자신의 치킨 조리법을 들고 낡은 자동차에 몸을 싣고, 미국 전역의 식당 문을 두드리기 시작했다. 수없이 거절당하면서도 불굴의 신념과 긍정적인 태도로 어려움을 극복하며 1960년대 초반 600개가 넘는 KFC 체인점을, 1970년대 이후에는 세계 곳곳으로 퍼져 나가 수천 개의 체인점을 일궈냈다.

이 이야기는 실패가 끝이 아니라, 다시 시작하는 또 하나의 출발선이 될 수 있음을 보여주고 있다.

이러한 공로로 2000년 미국 비즈니스 명예의 전당(National Business Hall of Fame)에 헌액되었다. 이는 효 리더십이 역경 속에서도 긍정과 낙관의 정신으로 자신의 꿈을 향해 나아가며, 끊임없이 도전하고 봉사하는 자세에서 발현될 수 있음을 잘 보여주고 있다..

d) 희망과 복음을 심어주었던 헬렌 켈러(Helen Keller)

어린 시절 심한 열병으로 시각, 청각, 언어의 3중 장애를 갖게 된 헬렌 켈러(Helen Keller, 1880-1968)는 결코 절망하거나 삶을 포기하지 않았다.

그녀는 앤 설리번(Anne Sullivan, 1866-1936) 선생님을 만나 수화를 배우고 교육을 받으며 놀라운 집념과 열정으로 공부해 대학에 입학했다. 졸업 시에는 독일어를 포함한 5개 국어를 구사할 수 있게 되었고, 미국 역사상 최초로 3중 장애를 가지고 학사 학위를 취득한 인물이 되었다.

평생을 맹인 복지 사업에 헌신하여 모금한 기금으로 학교와 도서관을 건립하고, 활발한 저술 활동과 순회강연을 통해 장애인을 위한 도서관과 병원을 세웠다. 그녀가 가는 곳마다 신체장애자들은 '파랑새의 방문'이라며 환영했고, 모든 사람에게 '세 가지 고통을 이겨낸 성녀'로 존경받았다. 헬렌 켈러와 앤 설리번 선생님의 감동적인 실화는 영화 「미라클 워커(The Miracle Worker)」로 제작되기도 했다.

헬렌 켈러와 앤 설리번 선생님의 만남은 '20세기의 최고 기적'을 만들어냈다. 앤 설리번 선생님은 헬렌 켈러에게 "시작하고 실패하는 것을 계속하라. 실패할 때마다 무엇인가를 성취할 것이다. 네가 원하는 것을 성취 못 할지라도 무엇인가 가치 있는 것을 얻게 될 것이다."라고 사랑의 격려를 아끼지 않았다.

헬렌 켈러라는 위대한 인물이 탄생할 수 있었던 것은 그녀 자신의 의지도 컸지만, 48년이라는 긴 세월 동안 그녀의 눈과 귀, 그리고 입이 되어주었던 앤 설리번 선생님의 숭고한 사랑과 헌신이 있었기에 가능했음을 우리는 기억해야 한다.

헬렌 켈러는 강연 때마다 "몸의 눈을 잃은 것보다 더 불행한 사람은 마음의 눈을 잃어버린 자"라고 말하며 절망과 실의에 빠진 사람들에게 긍정과 낙관의 정신을 심어주었다.

1933년 미국의 대공황으로 수많은 이들이 실의에 빠져 있을 때, 그녀는 『사흘만 볼 수 있다면(Three Days to See)』이라는 에세이를 통해 어둠 속에 갇힌 미국인들에게 희망과 삶의 의욕을 불어넣어 경제난 극복에 큰 기여를 했다.

이 에세이에서 그녀는 단 사흘만 눈을 뜰 수 있다면 무엇을 보고 싶은지 고백했다. 가장 먼저 앤 설리번 선생님의 얼굴을 보고, 그 모습을 영원히 가슴에 새기고 싶다고 했다. 이어 그녀는 나뭇잎 위에 내려앉은 햇살과 들녘의 작은 꽃들, 붉게 타오르는 석양, 밤이 낮으로 바뀌는 신비로운 순간, 박물관의 유물들, 별로 가득 찬 밤하늘, 그리고 바삐 출근하는 사람들의 표정까지 차례로 보고 싶다고 적었다. 그리고 그 모든 것을 잠시나마 볼 수 있었다는 기적에 감사의 기도를 올린 뒤, 다시 조용히 영원한 어둠 속으로 돌아가고 싶다는 소망을 밝혔다.

설리번 선생님의 긍정과 낙관은 그렇게 그녀의 영혼 깊숙이 스며들어, 헬렌 켈러는 비록 육신의 눈은 잃었지만 세상을 비추는 마음의 빛만큼은 누구보다 환히 밝힐 수 있었다.

헬렌 켈러의 간절한 세 가지 소망을 매일 누리는 우리는 무엇을 불평하며, 무엇에 좌절할 수 있겠는가? 헬렌 켈러와 같은 긍정과 낙관 정신만 있다면 어떤 장애물이나 난관도 극복할 수 있음을 확신한다. 이는 사랑과 헌신에 뿌리를 둔 '효 리더십'이 발휘하는 희망과 용기의 진정한 힘이다.

5) 효 리더십에 바람직한 교육 패러다임

우리는 전통적으로 지덕체(知·德·體)를 인간 교육의 이상으로 삼아 왔다. 먼저 지식을 쌓고, 그다음 덕성을 기르며, 마지막으로 몸을 단련하는 순서였다.

그러나 영국의 교육 철학은 정반대다.

그들은 체덕지(體·德·智), 곧 건강한 몸과 올바른 인격, 강인한 정신을 먼저 세운 뒤에 비로소 지식을 가르친다. 강한 몸과 깊은 인격, 단단한 정신이라는 토대 위에서만 지식은 암기가 아니라 삶을 움직이는 힘이 된다는 믿음이 그 속에 담겨 있다.

2010년 영국 총선에서 43세의 데이비드 캐머런(David Cameron, 1966-현재)이 총리로 선출되었는데, 그는 이튼스쿨(Eton College) 출신이다. 이튼스쿨은 학력 평가에서 항상 최상위권을 유지하며, 이 작은 학교에서 대영제국 수상을 20명이나 배출했다.

이튼스쿨의 교육 방식이 바로 체덕지(體·德·智)를 가르친 후 지식(知識)을 가르치는 교육이다. 워털루 전쟁에서 나폴레옹을 이긴 웰링턴 장군(Wellington, 1769-1852)은 영국으로 돌아와 모교인 이튼스쿨 연설에서 "불가능해 보였던 나폴레옹(Napoleon, 1769-1821)과의 전쟁 승리 비결이 이튼스쿨에서 길렀던 강인한 체력과 담력, 연합군을 단결시킨 덕(德), 그리고 지혜(智慧) 덕분"이라고 말했다고 전해진다.

우리 또한 이러한 위대한 지도자를 길러내기 위해서는 현재의 교육 패러다임을 바꿔야 한다.

우리에게는 다른 나라에 없는 독특한 효(HYO) 문화가 있다. 효(HYO)는 Humanity between/of Young and Old, 즉 부모와 자식, 남편과 아내, 상사와 부하, 진보와 보수 사이의 인도주의 정신을 포괄하는 개념이다. 효 리더십은 이러한 관계 중심의 교육을 통해 인성 함양을 최우선으로 삼아야 함을 시사한다.

6) 효 리더십의 세계적 가치

영국의 역사학자이자 문명사 이론가인 아놀드 토인비(Arnold J. Toynbee, 1889-1975) 박사는 문명이란 외부의 시련에 어떻게 응답하느냐에 따라 흥망이 갈린다고 보았다. 그가 말한 '도전과 응전'의 원리는 수많은 문명의 역사를 꿰뚫는 통찰이다.

이 관점에서 보면, 외침과 식민지 지배, 전쟁이라는 혹독한 시련 속에서도 가족과 공동체를 지탱해 온 한국 사회의 전통적 가치, 특히 효와 같은 유교적 덕목은 우리 문명이 보여 준 하나의 깊은 응전이라 할 수도 있다.

인도의 위대한 시인이자 철학자였던 타고르(Tagore, 1861-1941) 또한 조선의 정신적 전통, 내면의 도덕성, 유교적 품격을 높이 평가하면서, 이는 곧 "효(孝) 문화의 뿌리를 간직한 민족"이라며 존경을 표했다고 전해진다.

더 나아가 그는 1929년 발표한 「동방의 등불」이라는 시에서 "일찍이 아시아의 황금시기에 빛나던 등불의 하나였던 코리아, 그 등불 다시 한번 켜지는 날에 너는 동방의 밝은 빛이 되리라"라고 노래했다. 이는 일제강점기 고통받던 우리 민족에게 조선이 장차 도덕적 정신과 진리의 빛으로 다시 세상을 밝힐 것이라는 예언적 희망을 전한 것이라 할 수 있다.

대한민국은 예로부터 동방예의지국(東方禮義之國)이라 불리며, 세계적으로 예와 도덕의 나라로 명성을 얻어왔다. 오늘날

K-POP, K-의료, K-뷰티, K-드라마, K-웹툰, K-국악 등 한류 열풍에 더해 효 교육을 통한 'K-HYO(효)'의 브랜드화가 이루어진다면, 우리 민족 고유의 깊은 효 정신을 전 세계에 널리 알리고 확산시킬 수 있을 것이다.

이를 위해 K-HYO의 가치를 전파하는 '글로벌 효 리더십 캠페인'을 적극적으로 전개해야 한다. 이는 단순한 문화 홍보를 넘어, 인류 공동체의 조화로운 발전에 기여하는 새로운 이정표가 될 것이기 때문이다.

7) 효 리더십으로 행복과 성공 인생

행복하고 성공적인 삶을 위해서는 효 정신을 갖춘 리더가 되어야 한다. 효 정신을 갖춘 리더(LEADER)는 그 이름 자체에 그 의미가 담겨있다.

L (Listening)	다른 사람의 말을 경청하고 배려하는 자세
E (Education)	내면과 외면을 갖추기 위한 평생 교육과 솔선수범하는 자세
A (Assistance & Action)	사랑과 봉사의 정신으로 타인을 돕고 이를 실천하는 정신
D (Discussion)	상대방과 소통하고 이해할 줄 아는 대화와 공감 정신
E (Evaluation & Experience)	자신을 알고 다른 사람을 꿰뚫어 보는 냉철한 평가력과 풍부한 경험
R (Responsibility & Relationship)	자신뿐만 아니라 타인에게도 희생할 줄 아는 책임감과 좋은 관계를 맺는 정신

이 중에서도 가장 중요한 것은 '관계'라고 생각한다. 긍정심리학의 창시자인 마틴 셀리그만(Martin Seligman, 1942-현재)이 행복한 사람 중 상위 10%를 조사한 결과, '타인과의 관계가 좋다'는 공통점을 발견했다고 한다.

카네기 멜론 대학(Carnegie Mellon University)의 연구에 따르면, 한 개인의 사회적 성취에서 전문 지식이 기여하는 비중은 15%에 불과하며, 나머지 85%는 사람의 마음을 움직이는 인간관계 능력이나 태도 같은 '소프트 스킬(Soft Skills)'에 달려 있다고 한다. 이는 삶의 성패가 단순한 기술적 숙련도를 넘어, 타인과 공감하고 협력하는 관계의 깊이에 의해 결정된다는 사실을 일깨워 주고 있다.

인간은 누구나 행복과 성공을 추구하며 살아간다. 행복하기 위해서는 자신의 적성에 맞는 일을 찾아 즐겁게 일해야 하며, 일을 잘하기 위해서는 자신과의 관계뿐만 아니라 타인과 좋은 관계를 형성하는 것이 필수적이다. 이러한 좋은 관계 형성은 진정한 성공으로 이어진다.

이처럼 가장 중요한 '관계의 기술'은 어릴 적부터 가정에서 배워야 하기에 가정교육의 중요성은 아무리 강조해도 지나치지 않는다.

날로 불안정해지는 가정, 조직, 사회, 국가의 문제들은 가정에서부터 사랑, 봉사, 신뢰, 경청, 예의, 정직, 책임, 존중, 배려, 소통, 협동 등의 효 리더십을 길러 인도주의와 인간 중심주의를 실천할 때 해결책을 찾을 수 있다.

수많은 리더십 가운데, 각 개인이 가정에서부터 효 리더십(HYO LEADERSHIP)을 실천할 때, 각 가정에는 화목과 행복이 깃들며, 이는 개인의 행복한 삶과 성공적인 인생의 출발점이 된다. 나아가 우리 사회도 안정되어 진정한 선진국으로 발돋움하고, 궁극적으로 'K-HYO(효)'를 전 세계에 전파할 수 있을 것이라 믿는다.

다. 결론

효(孝)는 인류가 지켜온 가장 오래된 문화유산이자, 미래 세대가 가꾸어 나가야 할 보편적 가치다. 진정한 리더는 힘으로 군림하는 자가 아니라, 따뜻한 공감으로 공동체를 품는 사람이다. 지금 우리에게 가장 절실한 것은 인간다움을 회복시키는 '효 리더십'이다.

사랑, 봉사, 신뢰라는 세 기둥 위에 세워진 효 리더십은 가정의 해체, 세대 갈등, 공동체 의식 약화라는 현대 사회의 위기를 치유할 강력한 열쇠다. 이 모든 문제는 결국 '관계의 단절'에서 비롯된다. 효 리더십은 바로 이 끊어진 관계를 복원하고 인간의 존엄성을 되찾는 실천적 대안이 될 것이다.

실천은 거창한 구호에 있지 않다. 가정 내 존중, 직장 내 신뢰, 세대 간의 배려라는 일상의 작은 행동이 변화의 시작이다. 이러한 변화가 모여 건강한 가정과 화목한 조직, 그리고 안정된 사회를 만든다.

이제 스스로에게 물어야 한다. "나는 효 리더인가?" 이 질문에 당당히 답할 수 있는 실천적 다짐이 필요하다. 우리 각자가 삶의 현장에서 효 리더십을 발휘할 때, 그 영향력은 파도처럼 퍼져나가 거대한 변화의 물결을 일으킬 것이다.